ATLAS DES WELTALLS

LARA ALBANESE (TEXT)
TOMMASO VIDUS ROSIN (ILLUSTRATIONEN)

INHALT

Was sehen wir
MIT BLOSSEM AUGE?

Von der Erde aus, mit der Nase in der Luft, kannst du das große Spektakel des Weltraums sehen! Wir leben auf einem der Milliarden von Planeten im Universum, die sich um einen Stern drehen. Unser Stern ist die Sonne, die uns mit Millionen Grad Celsius unsere Energie zum Leben liefert. Finde heraus, was du am Himmel sehen kannst, auch ohne ein Teleskop zu benutzen oder an Bord eines Raumschiffs zu steigen.

STERNBILDER

Sterne sehen aus wie weiße Punkte an einer schwarzen Tafel, doch sie können Milliarden Kilometer weit entfernt sein. Überall auf der Welt haben Menschen die Sterne mit **imaginären Linien** verbunden und geben den Formen Namen, meist nach Mythen und Legenden. Das sind unsere Sternbilder.

Die wissenschaftliche KARTE des Himmels

Die alten Völker stellten sich den Himmel wie einen großen runden Spiegel vor. Auch heute verwenden wir die gleichen kreisförmigen Karten: links der nördliche Himmel, den man sieht, wenn man auf der Seite des Nordpols lebt, und rechts der südliche Himmel, den man auf der Seite des Südpols sieht. Wie der Himmel aussieht, hängt von Datum und Uhrzeit ab. Hier sind die bekanntesten Sternbilder zu sehen.

IMMER IM NORDEN

In der Mitte der linken Karte befindet sich der **Polarstern**, ein sehr heller Stern, der immer den Norden anzeigt. Am südlichen Sternenhimmel gibt es einen solchen wegweisenden Stern nicht. Einige helle Sterne werden zur Orientierung herangezogen: das **Kreuz des Südens** mit den hellen Sternen Alpha Centauri und Beta Centauri.

DER SÜDLICHE STERNENHIMMEL

Der **Himmelsäquator** ist eine gedachte Linie am Himmel, er verläuft genau gegenüber dem Äquator – der imaginären Linie um den Mittelpunkt der Erde.

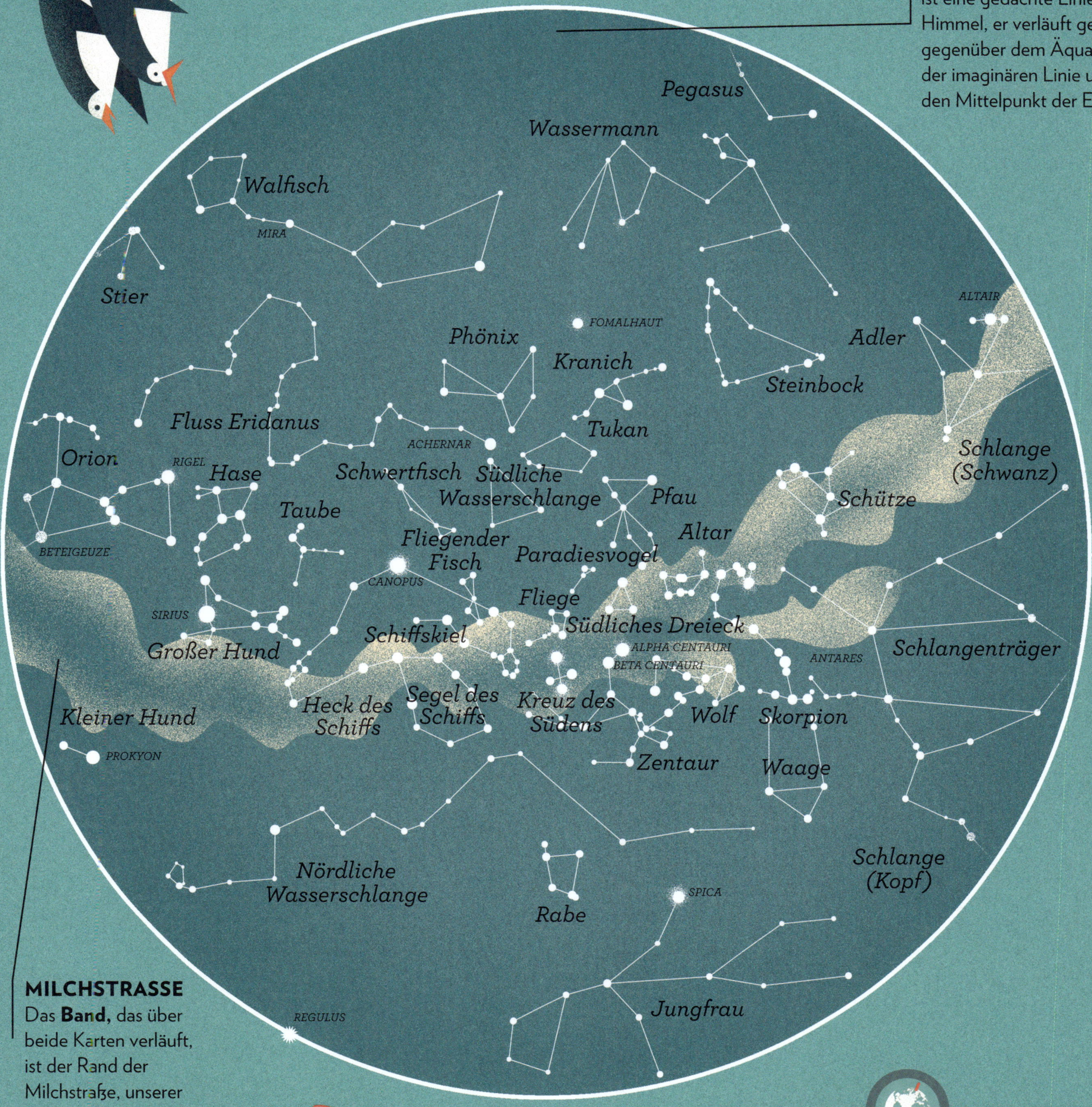

MILCHSTRASSE
Das **Band,** das über beide Karten verläuft, ist der Rand der Milchstraße, unserer Galaxie.

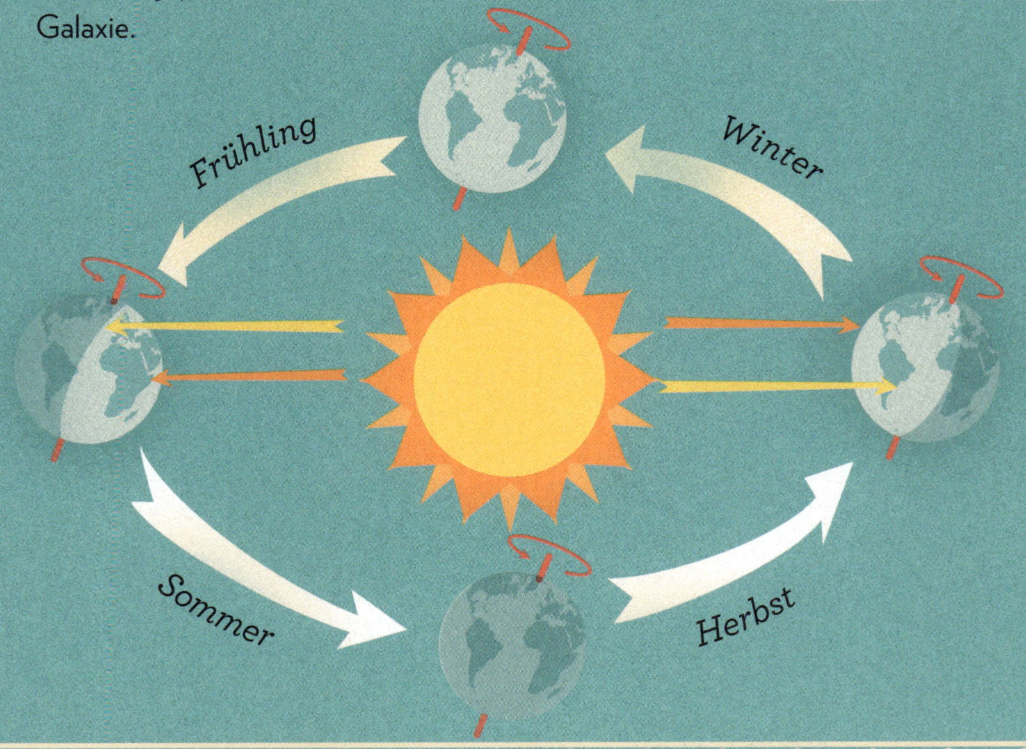

Und sie bewegt sich doch!

Die Erde steht nicht still, sie **dreht sich um sich selbst und um die Sonne**. Die erste Bewegung erzeugt Tag und Nacht und lässt die Sonne und andere Sterne sich scheinbar bewegen, als ob du auf einem Karussell sitzt und die Welt um dich herum betrachtest. Die Rotation um die Sonne lässt die Jahreszeiten wechseln. Das liegt an der **Neigung der Erde zur Sonneneinstrahlung**, die sich im Laufe des Jahres ändert: Bei direkter Einstrahlung wärmt die Sonne mehr; bei schräger Einstrahlung wärmt die Sonne weniger.

STERNBILDER am Himmelsäquator

Das ist eine weitere Möglichkeit, den Himmel aus wissenschaftlicher Sicht darzustellen. Wir orientieren uns am Himmelsäquator, der Linie also, die entsteht, würden wir den Erdäquator an den Himmel projizieren. Die Sternbilder auf dieser Linie sehen die Menschen, die am Äquator leben, direkt über ihren Köpfen. Doch auch die Menschen an anderen Orten können sie noch erkennen.

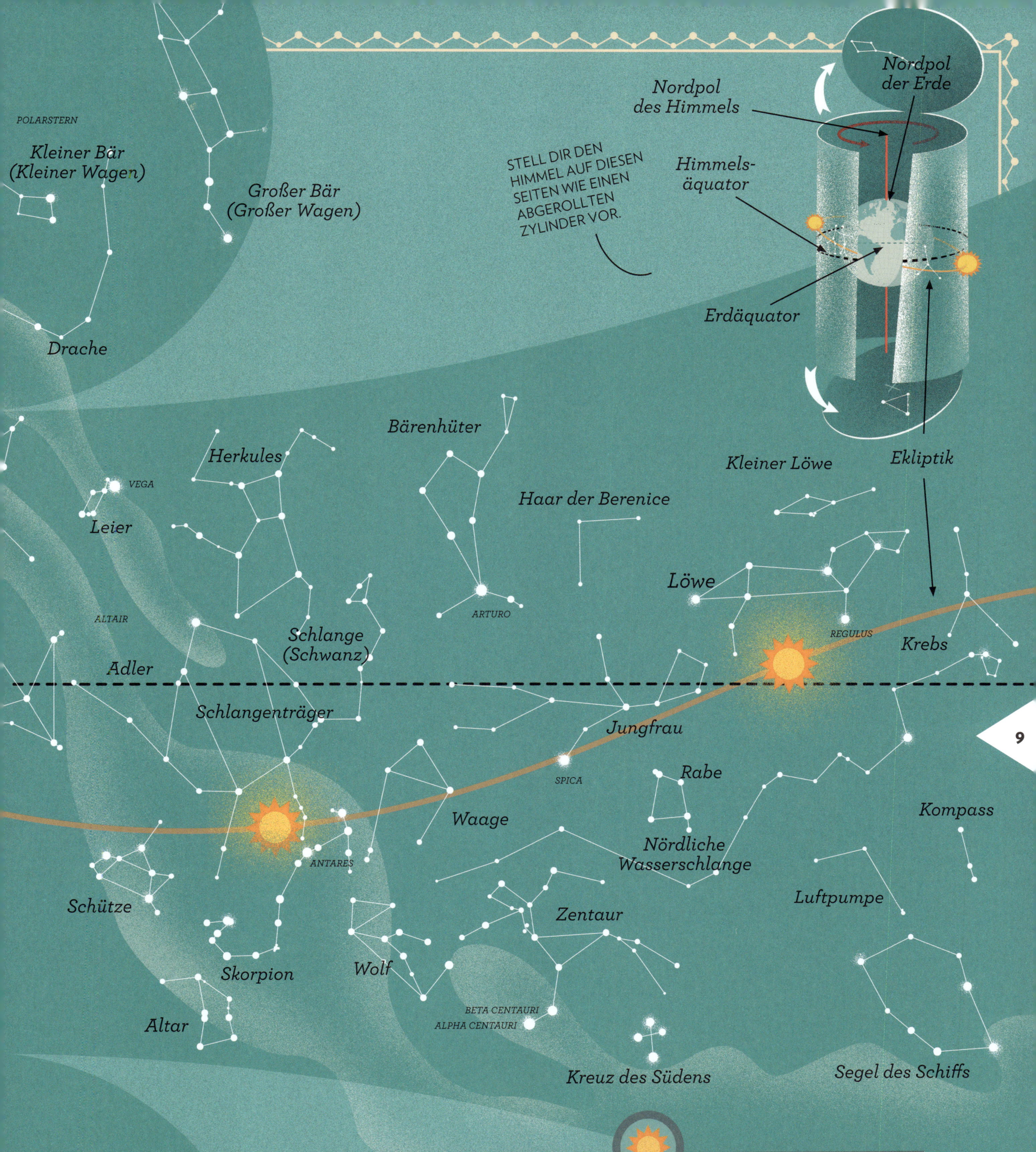

Der Lauf der Sonne

Die **Ekliptik** ist der scheinbare Weg, den die Sonne am Himmel zurücklegt, einer imaginären Kugel, die die Erde umgibt und in der wir alle Objekte am Himmel unterbringen können. Die Sternbilder entlang dieser Linie werden **»Tierkreiszeichen«** genannt. An den Schnittpunkten von Ekliptik und Himmelsäquator liegen die Tagundnachtgleichen, an denen Tag und Nacht auf der gesamten Erde gleich lang sind. Dies geschieht nur zweimal im Jahr und markiert den Übergang vom Winter zum Frühling und vom Sommer zum Herbst.

PEGASUS, DAS GEFLÜGELTE PFERD
Ob Pferde fliegen können? Zumindest in der griechischen Mythologie, nach der Pegasus **aus dem Blut der Medusa geboren** wurde, nachdem sie von Perseus geköpft worden war.

Der Himmel DER GRIECHEN

Die alten Griechen benannten die Sterne nach den Wesen aus der **griechischen Mythologie**. So begegnet man dem Sohn des Götterkönigs Perseus, der Prinzessin Andromeda, dem geflügelten Pferd Pegasus, dem starken Herkules oder Medusa, die einen Menschen mit ihrem Blick versteinern kann. Die Internationale Astronomische Union **verwendete diese Namen** weiter, fügte jedoch weitere Sternbilder hinzu, die für die Griechen zu dieser Zeit nicht sichtbar waren.

WASSERSCHLANGE

Ein Monster der Mythologie! Das war eine **große Seeschlange** mit mehreren Köpfen, die nachwuchsen, wenn sie abgeschnitten wurden. Sie war **sehr giftig**: Allein ihr Atem konnte einen Menschen töten, aber auch ihre Spuren und ihr Blut waren gefährlich.

DER CHINESISCHE GENERAL

Die alten Chinesen glaubten, im Sternbild des Orion nicht den Jäger der alten Griechen zu sehen, sondern den **obersten Feldherrn Tsan**. Aber auch er hat seinen Gürtel genau dort, wo die drei Sterne den Gürtel des Orion bilden.

Der Himmel DER CHINESEN

Obwohl China sehr weit vom antiken Griechenland entfernt ist, liegen beide auf ähnlicher geografischer Breite: Die Sterne über den Köpfen der alten Griechen waren daher denen über China sehr ähnlich. In den gleichen Sternen stellten sich die alten Chinesen jedoch andere Figuren vor. Auf dieser Äquatorialkarte siehst du die wissenschaftlichen Sternbilder überlagert mit denen der **chinesischen Mythologie**. Die alten Chinesen erkannten, dass der Sternenhimmel um den Polarstern zu kreisen schien, darum wurde er zum Mittelpunkt ihrer Legenden. Genau hier, so die alten Chinesen, befand sich **das Herz des chinesischen Kaisers**, der auch der Himmlische Herrscher genannt wird.

DIE UNMÖGLICHE LIEBE

Nach einer chinesischen Legende waren **zwei Liebende**, eine Weberprinzessin (Leier) und ein Ochsenhüter (der Adler), **durch die Milchstraße getrennt**. Die Prinzessin hatte sich verliebt, als sie ihn singen gehört hatte. Doch ihre Mutter wollte die Liebe verhindern, damit die Prinzessin in Ruhe ihre kostbaren Stoffe weben konnte, also legte sie die Milchstraße zwischen die beiden.

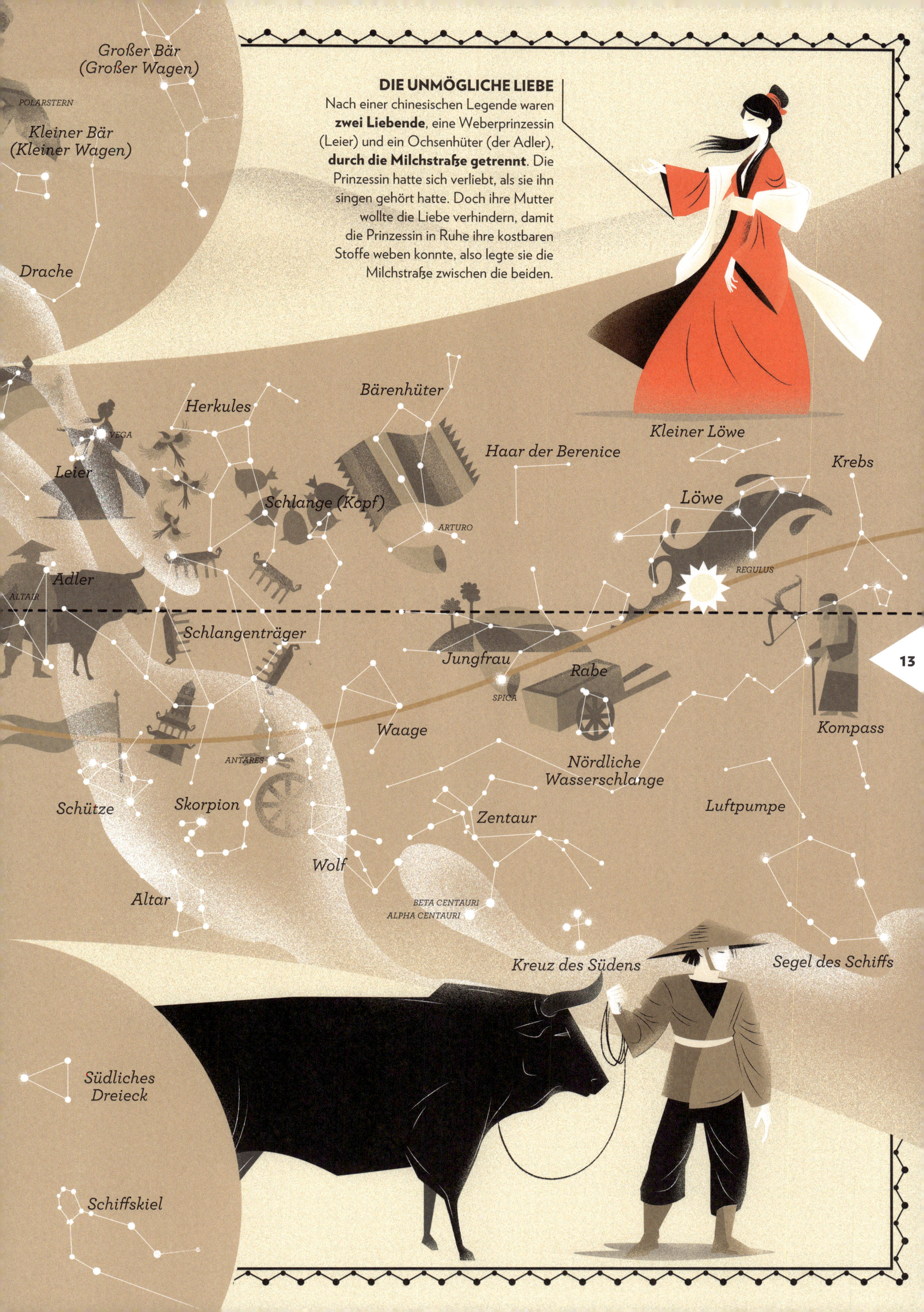

Der Himmel der Süd-AFRIKANER

Afrika ist ein riesiger Kontinent, der sich über den Äquator erstreckt. Darum sieht man den Himmel von verschiedenen Orten auch ganz unterschiedlich. Unsere Karte bezieht sich auf den Teil Afrikas auf der südlichen Hemisphäre, also unterhalb des Erdäquators, auf der Seite des Südpols. Dort gibt es viele interessante Sternbilder zu beobachten, die die Afrikaner entsprechend ihrer Kultur und ihrer Tradition interpretiert haben. Sie zeigen Tiere, die hier leben, wie Zebras und Giraffen, oder die Töchter des Himmelsgottes.

GOTT AM HIMMEL
Drei Zebras entkamen ihren Jägern, denn sie rannten so schnell, dass sie am Himmel landeten, und wurden zu den Sternen im Gürtel des Orion. Die Plejaden (ein Sternhaufen im Sternbild Stier) waren die Töchter des Himmelsgottes (Aldebaran im selben Sternbild). Als ihr Vater einen Pfeil auf die Zebras schoss, verfehlte er sie und der Pfeil landete bei einem grimmigen Löwen (Beteigeuze). Aldebaran konnte aber nicht ohne Beute nach Hause zurückkehren, also blieb er bis heute am Himmel.

DIE VERLORENE STRASSE
Ein Mann hatte sich auf dem Heimweg in der Wildnis verlaufen. Um ihm den Weg zu zeigen, warf seine Frau glühende Holzscheite in den Himmel, deren Glut dort noch immer leuchtet. Wir kennen sie als die Milchstraße.

SÜDLICHER HIMMEL

GROSSMUTTER AM HIMMEL

Canopus ist ein gelb-weißer Riesenstern, ungefähr 310 Lichtjahre von der Erde entfernt. Afrikanische Völker nennen ihn liebevoll **»Großmutter Canopus«**. Ihr Bauch war voller Nahrung und Licht. Die Menschen des San-Volkes in Südafrika beteten zu ihr, wenn sie Hunger litten und sich nach Licht sehnten.

WELTRAUMFEUER

Antares, der rote Stern im Sternbild Skorpion, war als Feuerstern bekannt. Er erschien spät in der Nacht, wenn alle Feuer erloschen und die Holzscheite nur noch glimmten.

DER HERRSCHER DES HIMMELS

Der **schwarze Gott** ist der Herrscher des Himmels. Er trug die Plejaden an seinem Fuß, stampfte viermal auf und trug sie dann an seinem Kopf.

Der Himmel der NAVAJO

Vater Himmel und Mutter Erde stehen im Mittelpunkt vieler indianischer Mythen und Legenden. Es gibt viele Sternbilder, in denen verschiedene Völker unterschiedliche Figuren erkannten und sich außergewöhnliche Geschichten ausdachten. Die Navajo-Indianer, das **Volk des Himmels**, haben die meisten ihrer Geschichten bei den Sternen angesiedelt. Unsere Karte bezieht sich vor allem auf ihre Mythologie.

ORION

Das **lange Band** des Orion war ein Junge, der sich irrtümlich entschloss, seinen Stamm zu verlassen. Er musste den Fehler zugeben und seine Schritte zurückverfolgen. Für die Navajo steht er für **Planung** und **Voraussicht**.

IM GLEICHGEWICHT

Die **erste Frau** und der **erste Mann** kreisen um den Polarstern – das Gleichgewicht zwischen Mann und Frau: Die Navajo wollten daran erinnern, dass es um dasselbe Feuer, also im selben Haus, nur einen Mann und eine Frau gibt.

DER SKORPION

Anstelle des Skorpions steht der **Erste Mann** mit einem Stab, der das Alter symbolisiert. Am Schwanz des Tieres befinden sich Kaninchenspuren, die die Bedeutung der Beziehungen zur Tierwelt darstellen.

DER RABE

Im Sternbild Rabe steht hingegen der Mann **breitbeinig mit den Füßen fest auf dem Boden**, der die Erde von oben beobachtet.

Wo SIND WIR?

Die Erde ist der dritte Planet im Sonnensystem. Sie ist Teil der Milchstraße, unserer Galaxie. Wir kreisen um die Sonne, die uns Licht und Leben gibt, und der Mond kreist um die Erde. Um mehr über das Universum zu erfahren, hat der Mensch viele Raumfahrzeuge in die Umlaufbahn geschickt. Viele Dinge haben wir entdeckt, doch es gibt noch viel mehr Interessantes da draußen ...!

GALAXIEN

Die Punkte auf dieser Karte sind Galaxien. Bei einigen ist die Form erkennbar, andere sind so weit entfernt, dass sie als helle Punkte erscheinen, als wären sie nur Sterne. In Wirklichkeit enthält jeder dieser Punkte **mehr als 100 Milliarden Sterne.** Die Milchstraße, in der die Sonne scheint, um die die Erde kreist, ist eine der Milliarden von Galaxien im Universum.

LICHTJAHRE

Diese Karte ist stark vergrößert. Das Quadrat hier ist ein Ausschnitt aus der großen Karte und steht für ein Gebiet von **1 Million Lichtjahren** im Quadrat. Im Vakuum bewegt sich das Licht mit 299.792,458 km pro Sekunde, das bedeutet, dass das Licht in einem Lichtjahr etwa 9.500 Milliarden km zurücklegt! Die Karte repräsentiert also einen **wirklich großen Teil des Universums** im Vergleich zu den Entfernungen, die wir auf der Erde gewohnt sind.

GALAKTISCHE FARBEN

Spiralförmige Galaxien haben normalerweise mehrere Farben. Im Zentrum sind sie **gelb-rot** gefärbt und enthalten daher keine neugeborenen Sterne. In den Armen der Spirale sind sie eher **hellblau** und haben junge oder neugeborene Sterne, während sie außen **gelb**, also reich an nicht so heißen und jungen Sternen sind.

BLAUE GALAXIEN

Blaue Galaxien sind reich an **heißen, jungen Sternen**, also sind sie normalerweise junge Galaxien.

Was ist Gravitation?

Auf unserem Planeten erkennt man, dass die Gravitation, die Schwerkraft, existiert, weil **sie alle Objekte zum Mittelpunkt der Erde zieht**. Deshalb kommt man, wenn man einen Sprung nach oben macht, auch wieder runter. Diese Kraft hält Objekte zusammen. Die Schwerkraft ist umso größer, je größer die **Masse** eines Körpers ist, also je mehr Materie er enthält, und je geringer der Abstand vom Zentrum des Körpers ist: So ist die Schwerkraft auf dem Mond, der eine etwa 100-mal geringere Masse hat als die Erde (konzentriert allerdings in einer Kugel mit viel kleinerem Durchmesser), fast sechsmal geringer als auf der Erde. Deshalb bleibst du bei einem Sprung auch nicht in der Luft hängen, während die Astronauten auf dem Mond unglaubliche Sprünge machen können.

Die MILCHSTRASSE

Hier ist unsere Galaxie von oben gesehen. Natürlich handelt es sich dabei nicht um eine Karte von einem Foto, denn noch niemand konnte so weit reisen, um sie von außen zu fotografieren. Wir sehen unsere Galaxie von innen. Aber Wissenschaftler konnten mit ihren Instrumenten eine **flache Karte** erstellen, die uns zeigt, wie ein außerirdisches Raumschiff unsere Galaxie sehen würde.

ARME
Heute können wir sagen, dass die Milchstraße aus **zwei Hauptarmen** besteht, die vom zentralen Balken im Kern (mit dem schwarzen Loch im Inneren) ausgehen und die Schild-Centaur- und Perseus-Arme genannt werden, und aus **zwei weiteren Nebenarmen**, die man Norma- und Schütze-Arme nennt.

DIE SONNE
Hier ist unsere Sonne: Sie ist etwa 30.000 Lichtjahre vom Kern der Galaxie entfernt.

SO SIEHT DIE MILCHSTRASSE VON DER SEITE AUS. ERKENNST DU HIER DAS SCHWARZE LOCH?

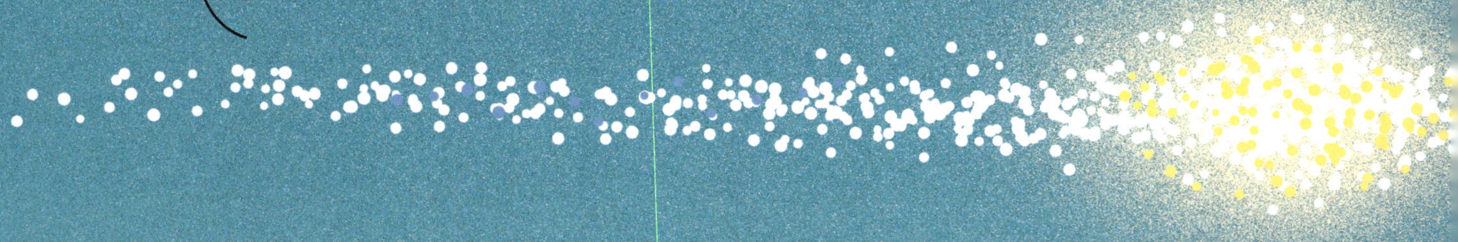

Winkelmaß-Arm

STERNKINDERGARTEN
Dieser sehr helle blau-weiße Bereich ist eine wahre Wiege der Sterne. Hier werden **ständig Sterne in unserer Galaxie geboren**.

DAS SCHWARZE LOCH SAGITTARIUS A*
Die Masse dieses Schwarzen Lochs im Zentrum der Galaxie ist einige Millionen Mal größer als die unserer Sonne. Dieses schwarze Loch ist etwa 26.000 Lichtjahre von der Erde entfernt.

100.000 LICHTJAHRE

2019 MACHTEN WISSENSCHAFTLER DAS ERSTE FOTO VOM UMRISS EINES SCHWARZEN LOCHS. DAZU VERWENDETEN SIE EVENT HORIZON, EIN NETZWERK AUS SUPER STARKEN TELESKOPEN.

WIE GROSS IST UNSERE GALAXIE?
Das Licht braucht etwa 100.000 Jahre, um die Milchstraße von einer Seite zur anderen zu durchqueren, unsere Galaxie hat also einen **Durchmesser von etwa 100.000 Lichtjahren**.

Das Schwarze Loch: Die Dunkelheit des Weltraums

Schwarze Löcher sind Orte, an denen eine so starke Anziehungskraft herrscht, dass kein Körper aus ihnen herauskommt. Nicht einmal Licht – deshalb sind sie schwarz! Das Schwarze Loch ist ein bisschen wie ein Staubsauger. Wenn also ein Objekt vorbeikommt, wird es von der Schwerkraft angezogen und verschwindet. In der Milchstraße könnte es Millionen Schwarzer Löcher geben. Es gibt zwei Haupttypen von Schwarzen Löchern: Stellare Schwarze Löcher entstehen, wenn ein riesiger Stern am Ende seines Lebens als Supernova explodiert. Supermassereiche Schwarze Löcher sind größer und befinden sich im Zentrum von Galaxien.

Die SONNE

Die Sonne ist ein Stern wie viele andere, aber für uns ist sie etwas Besonderes. Sie bringt uns Licht und Wärme. Für die richtige Temperatur sorgt eine Art großes **Kernkraftwerk in ihrem Zentrum**, das Energie produziert und an die heiße Oberfläche abgibt. Man kann sie sich fast wie einen **Feuerball** vorstellen. Die Sonne ist eine Ansammlung von heißen Gasen, die durch die Gravitation zusammengehalten werden. Sie ist ein mittelgroßer Stern und hat etwa die Hälfte ihres Lebens hinter sich. Sie ist »nur« 150 Millionen km von der Erde und damit von uns entfernt.

PHOTOSPHÄRE
Dies ist die Oberfläche der Sonne, die wir von der Erde aus sehen können. Sie ist **transparent** und hat eine körnige Struktur, ist also nicht glatt. Sie ist auch nicht fest, denn dieser Stern **besteht aus Gas**. Auch hier ist es ziemlich heiß: Die Temperatur beträgt 5.500 °C!

CHROMOSPHÄRE
Das ist die **Atmosphäre über der Photosphäre.** Hier herrschen Temperaturen um ca. 15.000 °C.

KORONA
So heißt die **äußerste Schicht der Sonnenatmosphäre**. Sie erstreckt sich über Millionen von Kilometern und ist extrem heiß, wodurch Gase ins All geschleudert werden – die sogenannten **Sonnenwinde**, die bis zu 800 km/h erreichen können.

SONNENFLECKEN
Die Sonne hat Flecken! Die **dunkleren Bereiche** sind die **Stellen, die kühler sind** als der Rest der Sonnenoberfläche. Sie sehen winzig aus, aber ein einzelner Sonnenfleck kann eine größere Fläche als die Erde bedecken. Sie sind nicht langlebig und verschwinden in der Regel nach ein paar Wochen.

SONNENERUPTIONEN
Manchmal treten in der Photosphäre plötzlich **helle Blitze** auf. Das sind Sonneneruptionen, die sich häufig in der Nähe von Sonnenflecken ereignen. In einer heftigen Explosion werden dabei enorme Energiemengen freigesetzt.

VISITENKARTE SONNE

Masse	333.000-Faches der Erdmasse
Radius	696.000 km, etwa das 609-Fache des Erdradius
Temperatur an der Oberfläche	5.500 °C
Temperatur im Zentrum	15 Millionen °C
Zusammensetzung	70% Wasserstoff, 28% Helium, 2% andere Elemente

KERN
Hier wird die gesamte Sonnenenergie erzeugt. Im Inneren, wo Temperaturen von Millionen Grad herrschen, **wird Wasserstoff in Helium umgewandelt**. Dabei wird viel Energie freigesetzt – der Prozess heißt Kernfusion. Die Energie wandert zur Oberfläche und erwärmt und beleuchtet nach einer langen Reise unseren Planeten.

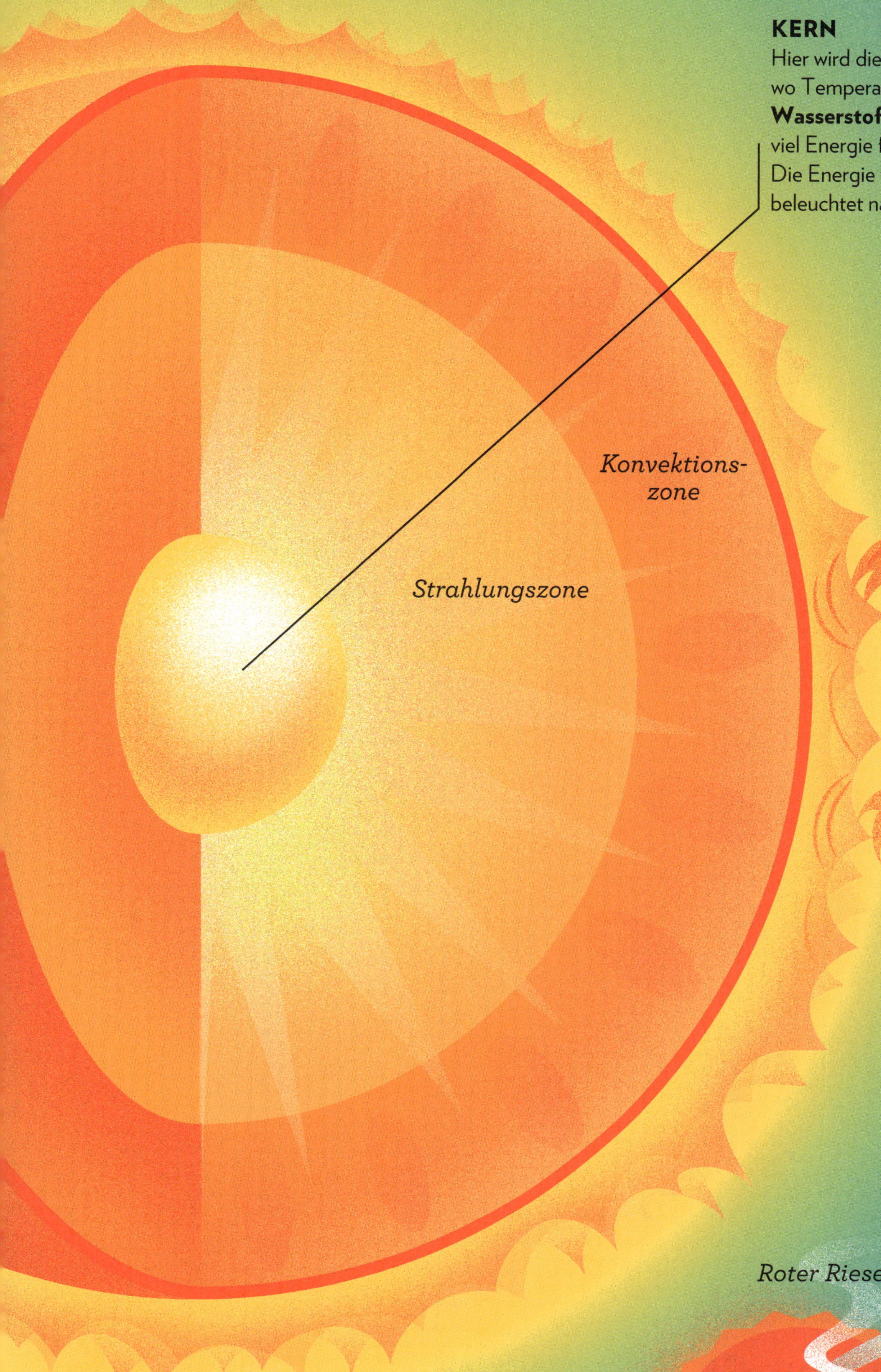

PROTUBERANZEN
Das sind Gaswolken, die in der Chromosphäre beginnen und sich bis in die Korona in Höhen von 500.000 km ausdehnen.

Wird die Sonne ewig leben?

Die Sonne ist gelb wie die Sterne im mittleren Alter. Wenn sie altert, kühlt sie ab und wird ein Roter Riese. Er wird so groß sein, dass die Erde in ihn hineinfallen wird. Aber keine Sorge, das passiert erst **in 4,5 Milliarden Jahren**, vielleicht leben die Menschen dann schon auf einem anderen Planeten. Schließlich kollabiert die Sonne, schrumpft und wird zum Weißen Zwerg.

DAS SONNEN-SYSTEM

Die Erde ist nicht der einzige Satellit der Sonne. Mit ihr umkreisen weitere Planeten diesen Stern, insgesamt sind es 8: **Merkur, Venus, Erde, Mars, Jupiter, Saturn, Uranus und Neptun**. Die Planeten sind in guter Gesellschaft: Zahlreiche andere Kleinplaneten, Asteroiden und Kometen kreisen mit ihnen – und sogar Staub.

ORBIT DER PLANETEN

Planeten bewegen sich auf elliptischen Umlaufbahnen um die Sonne. Sie halten ihre Bahn, weil die Kräfte, die sie an die Sonne anziehen bzw. abstoßen, im Gleichgewicht sind. Das ist in etwa so, als ob du auf einer Schaukel sitzt und dich jemand anschiebt: Zuerst bewegst du dich weg und wirst schneller, dann wirst du gebremst und bewegst dich in die andere Richtung.

ASTEROIDENGÜRTEL

Zwischen Mars und Jupiter gibt es eine Zone mit **vielen Asteroiden**, felsigen, unregelmäßig geformten Himmelskörpern, die auf elliptischen Bahnen um die Sonne kreisen. Die Umlaufbahn eines Asteroiden kann durch die Anziehungskraft eines Planeten verändert werden. Der Asteroid kann auf die Oberfläche des Planeten stürzen und Krater bilden.

UMLAUFGESCHWINDIGKEIT DER ERDE

Dies ist die Geschwindigkeit, mit der **sich die Erde um die Sonne bewegt**. Sie beträgt etwa 30 km pro Sekunde. Wenn die Erde auf 42 km pro Sekunde beschleunigen würde, würde sie die Anziehungskraft der Sonne überwinden und im Weltall verloren gehen. Und wer sollte uns noch finden?

WIE FING ES AN?

Das Sonnensystem ist vor etwa 4,6 Milliarden Jahren entstanden. Alles **begann mit einer einzigen Gas- und Staubwolke** (1), die von der Schwerkraft zu einer Scheibe zusammengezogen wurde. (2) Durch den großen Druck kollabierte die Wolke und die Sonne war geboren (3). Die Planeten entstanden aus allem, was übrig war.

DIE OORT'SCHE WOLKE

Dies ist der entfernteste Teil unseres Sonnensystems, er besteht aus eisigem Weltraumgestein, das häufig mit schmutzigen **Schneebällen** verglichen wird. Wissenschaftler gehen davon aus, dass hier etwa 100 Millionen Kometen elliptisch um die Sonne kreisen.

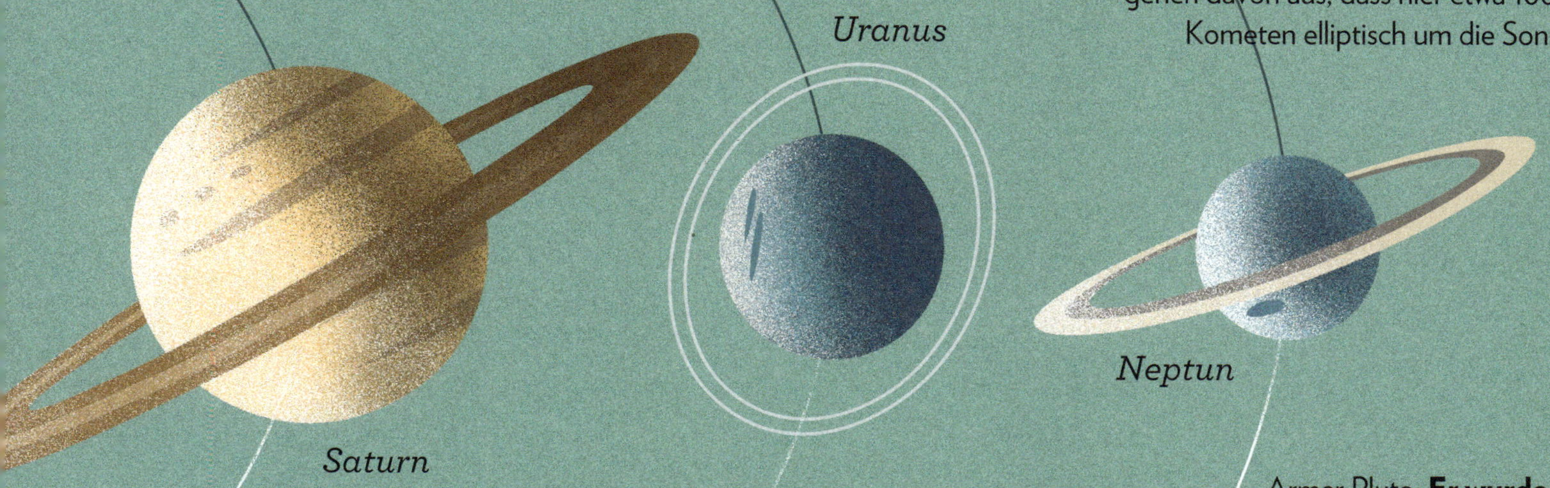

PLUTO

Armer Pluto: **Er wurde degradiert!** Früher war er der neunte Planet im Sonnensystem, aber heute wird er als **Zwergplanet** eingestuft. Astronomen haben viele andere kleine Planeten von ähnlicher Größe entdeckt und beschlossen, sie alle gleich zu behandeln.

KUIPER-GÜRTEL

Jenseits der Planeten, **weit weg von der Sonne**, liegt der Kuiper-Gürtel. Hier sammeln sich zahlreiche felsige Objekte. Wissenschaftler halten sie für Überbleibsel aus der Zeit der Entstehung unseres Sonnensystems.

Gesteins-, Gas- und Eisplaneten

Die Planeten unseres Sonnensystems entstanden unter sehr unterschiedlichen Bedingungen. Die vier Planeten, die der Sonne am nächsten sind, waren sehr hohen Temperaturen ausgesetzt, darum bildeten sie Felsen. Ihre Oberfläche besteht aus schweren, nichtflüchtigen Elementen. Die äußeren Planeten sind anders zusammengesetzt. Jupiter und Saturn werden Gasriesen genannt, weil sie **keine feste Oberfläche** haben, auf der man stehen könnte. Am weitesten von der Sonne entfernt sind Uranus und Neptun, die in super kalten Gegenden des Sonnensystems liegen und häufig als Eisriesen bezeichnet werden.

DIE REISEN
durch das Sonnensystem

Möchtest du in den Weltraum fliegen? Bis heute ist kein Mensch weiter als bis zum Mond gereist, doch wir haben **viele Sonden und Raumschiffe ins Sonnensystem** gestartet. Auf dieser Karte siehst du einige von ihnen, andere werden in den nächsten Jahren aufbrechen: eine echte Flotte von Forschungssonden, um die Geheimnisse des Weltraums zu entdecken!

MESSENGER (USA)
Merkur ist wie **Venus** sehr nah an der Sonne, dort ist es sehr heiß: Deshalb können sich ihm Sonden nur schwer nähern, sie würden vorher schmelzen. Das hat die Raumfahrtbehörden jedoch nicht abgehalten. Diese Sonde zum Beispiel trat 2011 in die Umlaufbahn des Planeten ein, um ihn genau zu untersuchen.

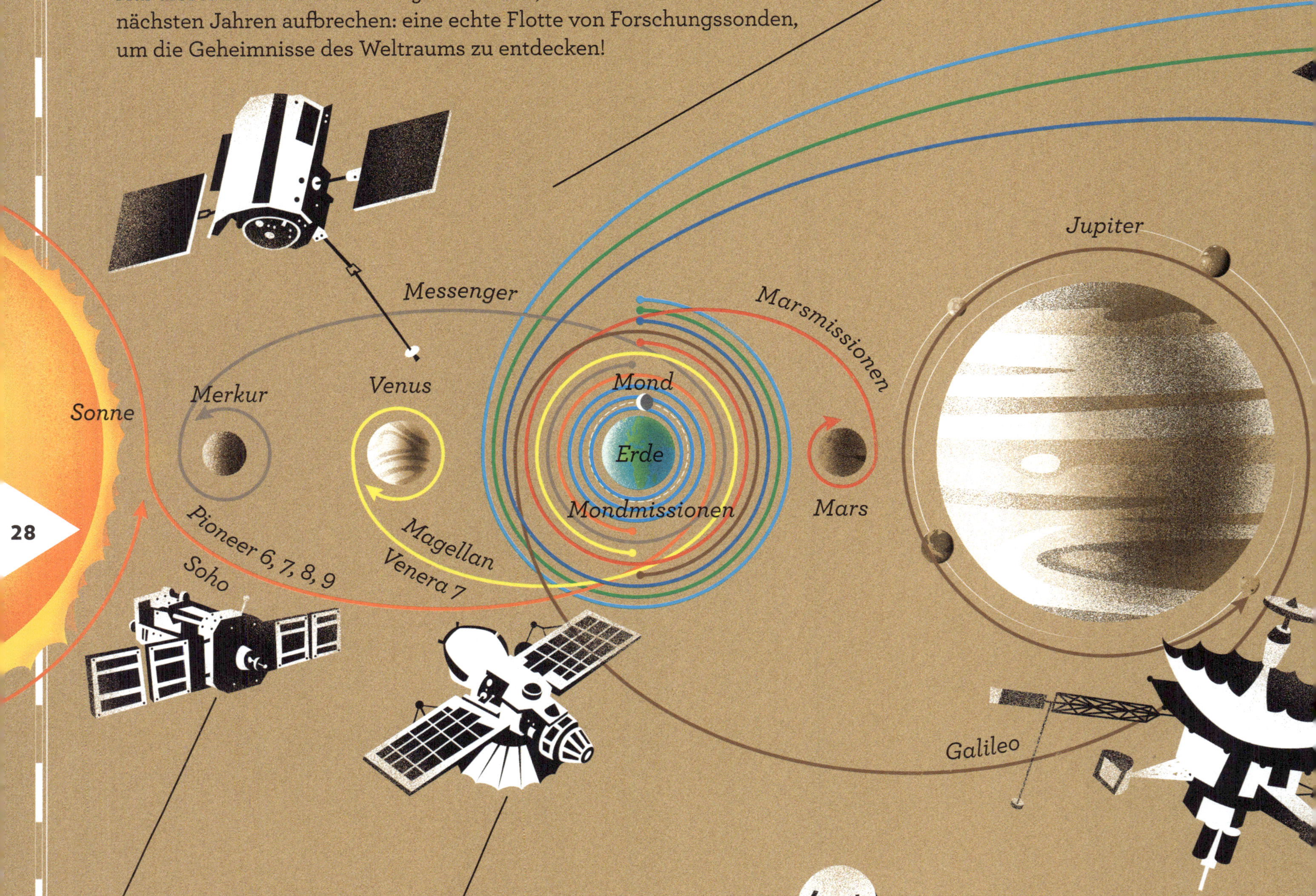

SOHO (USA-EUROPA)
Dieses Weltraumobservatorium, ein Gemeinschaftsprojekt von NASA und ESA, wurde 1995 gestartet und lieferte viele Informationen über die **Sonne und Kometen**. Es trägt 12 verschiedene wissenschaftliche Instrumente, die viele Aspekte der Sonne gleichzeitig beobachten.

VENERA 7 (RUSSLAND)
Sie war die erste Sonde, die auf der **Venus** landete. Das war 1970 und es war das erste von Menschen geschaffene Objekt, das auf einem anderen Planeten landete und Daten zurück zur Erde sendete.

SPUTNIK 1 (RUSSLAND)
Mit dieser Sonde begann 1957 das Abenteuer der Raumfahrt. Sie wurde von keinem Piloten gelenkt, sah aus wie eine große Kugel mit 4 Antennen daran und schaffte eine volle Umlaufbahn um die Erde.

WOSTOK 1 (RUSSLAND)
»Ein blauer Planet – wie schön!« Das sagte **Juri Gagarin** 1961, als er sich im Weltraum befand. Es war der erste Mensch im All! Er wurde aus mehr als 30.000 Bewerbern ausgewählt. Auf dem Weg zur Startrampe hielt Gagarin an, um auf das Hinterrad des Busses zu pinkeln, der ihn zur Rakete brachte. Für viele russische Kosmonauten ist dies inzwischen ein Glücksritual.

CASSINI (ITALIEN-EUROPA-USA)
1997 gestartet, brauchte diese Sonde fast 20 Jahre, um in der Atmosphäre des **Saturn** anzukommen. Die Sonde ließ einen Landeroboter namens Huygens auf dem Saturntrabanten Titan zurück, der viele Dinge über den Planeten, seine Trabanten und den Staub in seinen Ringen entdeckte.

VOYAGER 2 (USA)
Sie war eine der ersten Sonden, die das **äußere Sonnensystem** erforschten, und erreichte 1986 Uranus und 1989 den Neptun. Sie ist heute noch in Betrieb ... wer weiß, ob sie jemand abfängt: Wenn ja, findet der glückliche Außerirdische in der Sonde eine Zeitkapsel mit Bildern von Sehenswürdigkeiten und Aufnahmen von Geräuschen der Erde. Was würdest du ins All schicken?

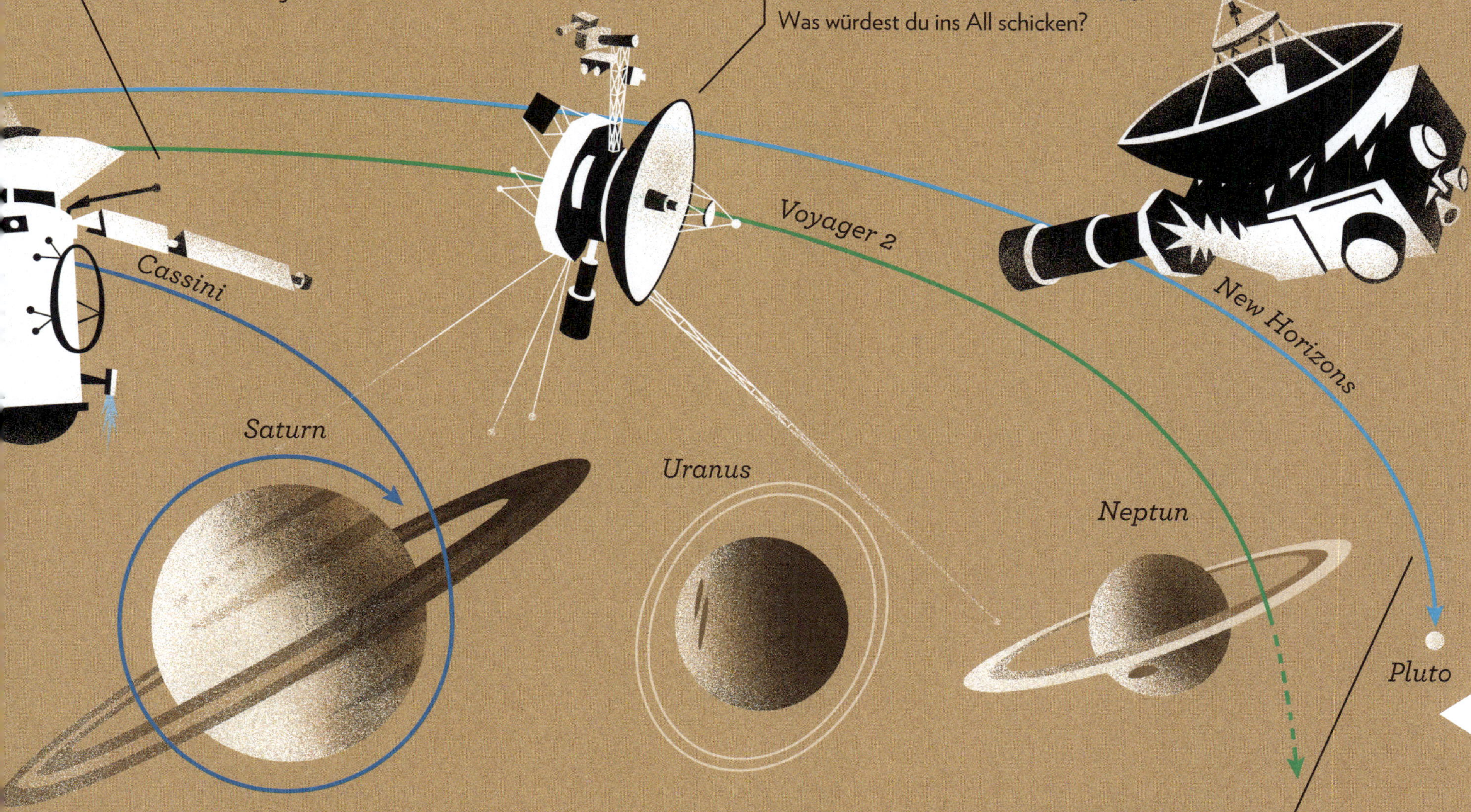

NEW HORIZONS (USA)
Im Jahr 2006 brach diese Sonde auf, um **Pluto** und seinen Satelliten **Charon** zu erkunden. Sie ist rekordverdächtig: Mit 58.536 km pro Stunde ist sie das Objekt, das die Erde bisher mit der höchsten Geschwindigkeit verlassen hat. Die Sonde enthält mehrere Gegenstände, darunter zwei US-Flaggen, zwei Münzen und eine Briefmarke mit der Aufschrift »Pluto, unerforschter Planet«.

GALILEO (USA)
Sie war 1995 die erste Sonde, die den Jupiter erreichte und wichtige Informationen über den Planeten lieferte. Die Mission endete, als sie 10 Jahre später auf der Oberfläche des Planeten verloren ging.

Tiere im Weltraum

Bevor Menschen ins All flogen, schickten sie einige Tiere voraus. Leider kehrten die ersten nicht lebend zurück, darunter auch die **Hündin Laika**, die 1957 als erstes Lebewesen in eine Umlaufbahn gebracht wurde. 1959 schafften jedoch ein **Totenkopfäffchen** mit dem Spitznamen Miss Baker und ein **Makake** namens Able eine Erdumrundung. Außerdem flogen weitere Hunde, Mäuse, Ratten, Kaninchen und Insekten ins All. 1961 kehrte der **Schimpanse Ham** lebend zur Erde zurück.

POLDURCHMESSER

Dies ist die Länge einer imaginären Schnur, die am Nordpol beginnt, durch den Mittelpunkt der Erde verläuft und am Südpol endet. Sie ist **12.714 km lang**. Wenn man genau hinschaut, sieht die Erde ein bisschen aus wie ein an den Polen gequetschter Fußball.

WÜSTEN

Dies sind **Gebiete mit wenig Wasser**, in denen nur wenige Tiere und Pflanzen überleben. Die Sahara in Afrika ist die größte Wüste der Welt. Die Atacama-Wüste in Chile ist der trockenste Ort der Erde.

ERDKRUSTE

Die **Kontinente sind die Puzzleteile unserer Erde** und bilden die Erdkruste, die die Erdoberfläche bildet und aus tektonischen Platten besteht. Die Bewegung dieser Platten ist die Ursache von Erdbeben und Vulkanausbrüchen.

WASSERPLANET

Wasser bedeckt 71% des Planeten. 97% befinden sich in den Ozeanen, 2,1% in den Polkappen und Gletschern, 0,65% in Flüssen, Seen, im Grundwasser und in der Atmosphäre. Insgesamt sind das 1,4 Billionen Milliarden Kubikmeter! Der tiefste Punkt der Erde ist der Marianengraben (fast 11.000 Meter tief), der längste Fluss ist der Amazonas mit 6.992 km.

Die ERDE

Wir leben hier, auf dem Planeten Erde. Er scheint im Moment der einzige Ort im Sonnensystem zu sein, der für Leben geeignet ist. Nicht zuletzt, weil es dort flüssiges Wasser gibt – gerade die riesige Ausdehnung der Ozeane gibt der Erde, vom Weltraum aus betrachtet, ihre typische blaue Farbe. Auf der Erde gibt es auch eine Atmosphäre, also Luft zum Atmen – perfekt also, um hier zu leben, zu spielen und zur Schule zu gehen.

VISITENKARTE ERDE

Planetentyp	Gesteinsplanet
Position relativ zur Sonne	3. Planet, Entfernung 149,6 Millionen km
Durchmesser	12.756 km
Umlauf um die Sonne	365 Tage
Rotationsdauer	24 Stunden
Monde	1

ROTATIONSACHSE
Die Erde dreht sich **einmal pro Tag von West nach Ost** um eine imaginäre Achse, die grob durch den Nord- und Südpol verläuft.

BERGE
Der höchste Berg der Erde ist der Mount Everest. Er befindet sich zwischen Nepal und China und gehört zur **Himalaya-Kette**. Sein Gipfel liegt 8.848 Meter über dem Meeresspiegel!

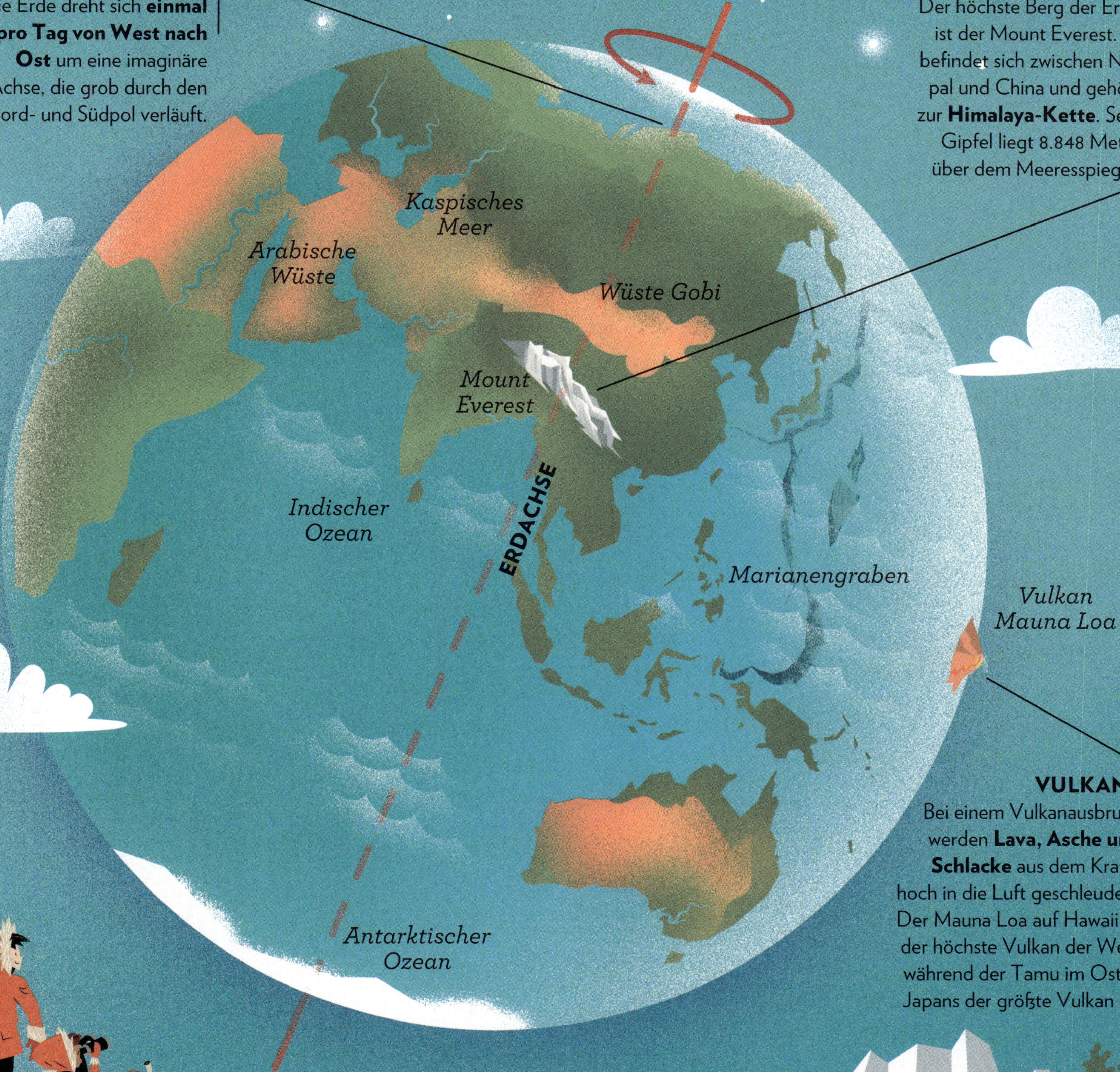

VULKANE
Bei einem Vulkanausbruch werden **Lava, Asche und Schlacke** aus dem Krater hoch in die Luft geschleudert. Der Mauna Loa auf Hawaii ist der höchste Vulkan der Welt, während der Tamu im Osten Japans der größte Vulkan ist.

Sonnenfinsternis

Wenn der Mond zwischen der Erde und der Sonne steht, kommt es zu einer Sonnenfinsternis. Sind die drei Himmelskörper perfekt ausgerichtet, verhindert der Mond, dass die Strahlen der Sonne die Erde erreichen, und die **Finsternis ist total**. Wird die Sonne nur teilweise verdeckt, liegt eine **partielle Finsternis** vor.

LICHTVERSCHMUTZUNG

Ein nächtliches Bild der Erde aus dem Weltraum zeigt uns einen Planeten voller Lichter! Diese **künstlichen Lichter** helfen den Menschen, im Dunkeln sehen zu können. Wie du auf dieser Karte siehst, sind sie nicht gleichmäßig über den Planeten verteilt, sondern **in den am stärksten industrialisierten Gebieten** konzentriert. Sie sind der Feind der Astronomen und derjenigen, die gern den Sternenhimmel beobachten. Die Karte zeigt, welche Gebiete am stärksten von der Lichtverschmutzung betroffen sind.

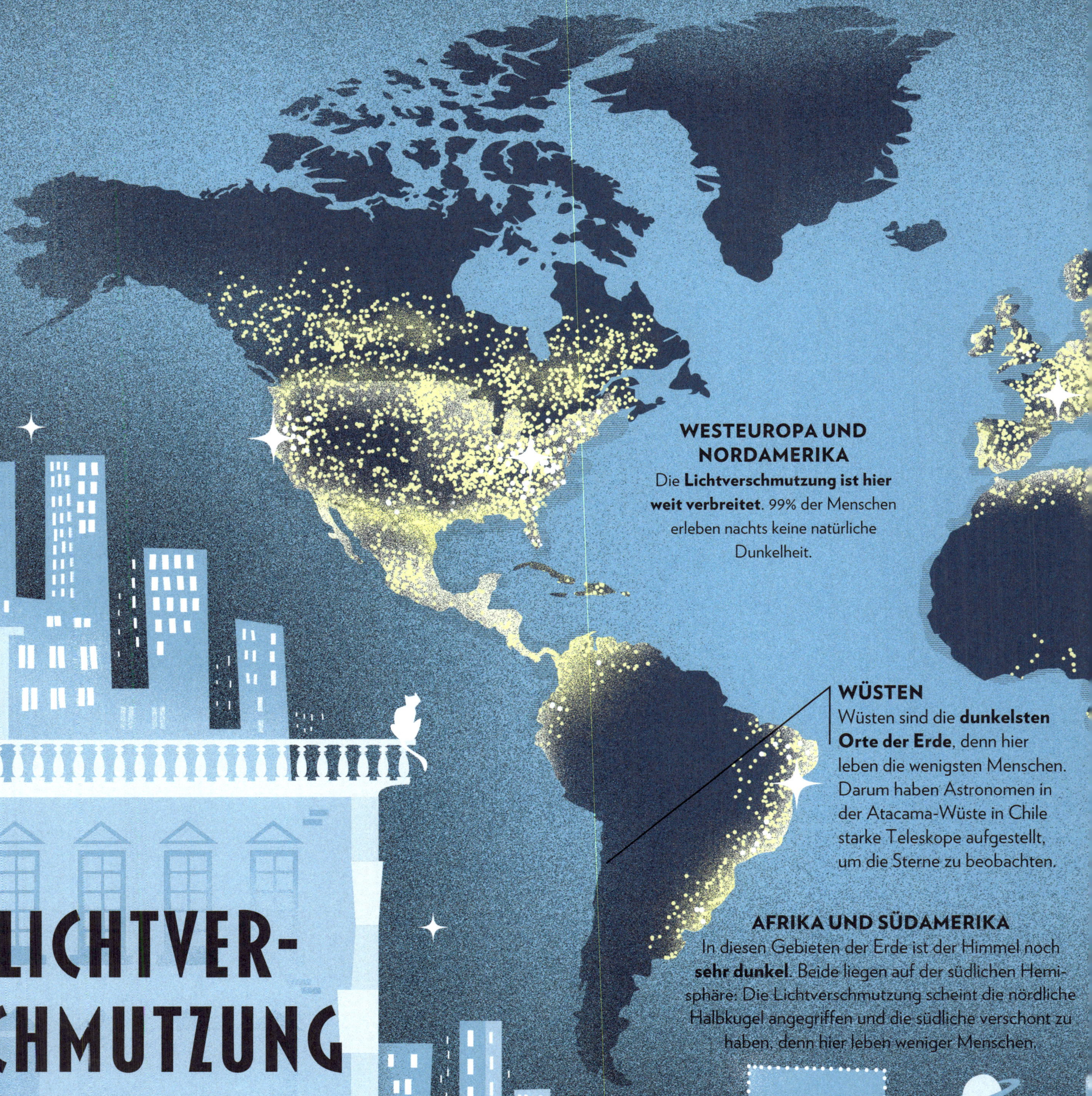

WESTEUROPA UND NORDAMERIKA

Die **Lichtverschmutzung ist hier weit verbreitet**. 99% der Menschen erleben nachts keine natürliche Dunkelheit.

WÜSTEN

Wüsten sind die **dunkelsten Orte der Erde**, denn hier leben die wenigsten Menschen. Darum haben Astronomen in der Atacama-Wüste in Chile starke Teleskope aufgestellt, um die Sterne zu beobachten.

AFRIKA UND SÜDAMERIKA

In diesen Gebieten der Erde ist der Himmel noch **sehr dunkel**. Beide liegen auf der südlichen Hemisphäre. Die Lichtverschmutzung scheint die nördliche Halbkugel angegriffen und die südliche verschont zu haben, denn hier leben weniger Menschen.

WAS IST LICHTVERSCHMUTZUNG?

Die Lichter, die nachts die Lichtverschmutzung verursachen, sind nicht die natürlichen wie der Mond, sondern die **künstlichen** wie die Beleuchtungen von Gebäuden, Straßen, Parkplätzen, Werbung, Fabriken und Straßenlaternen. Auch die Lampen vor deinem Haus tragen dazu bei.

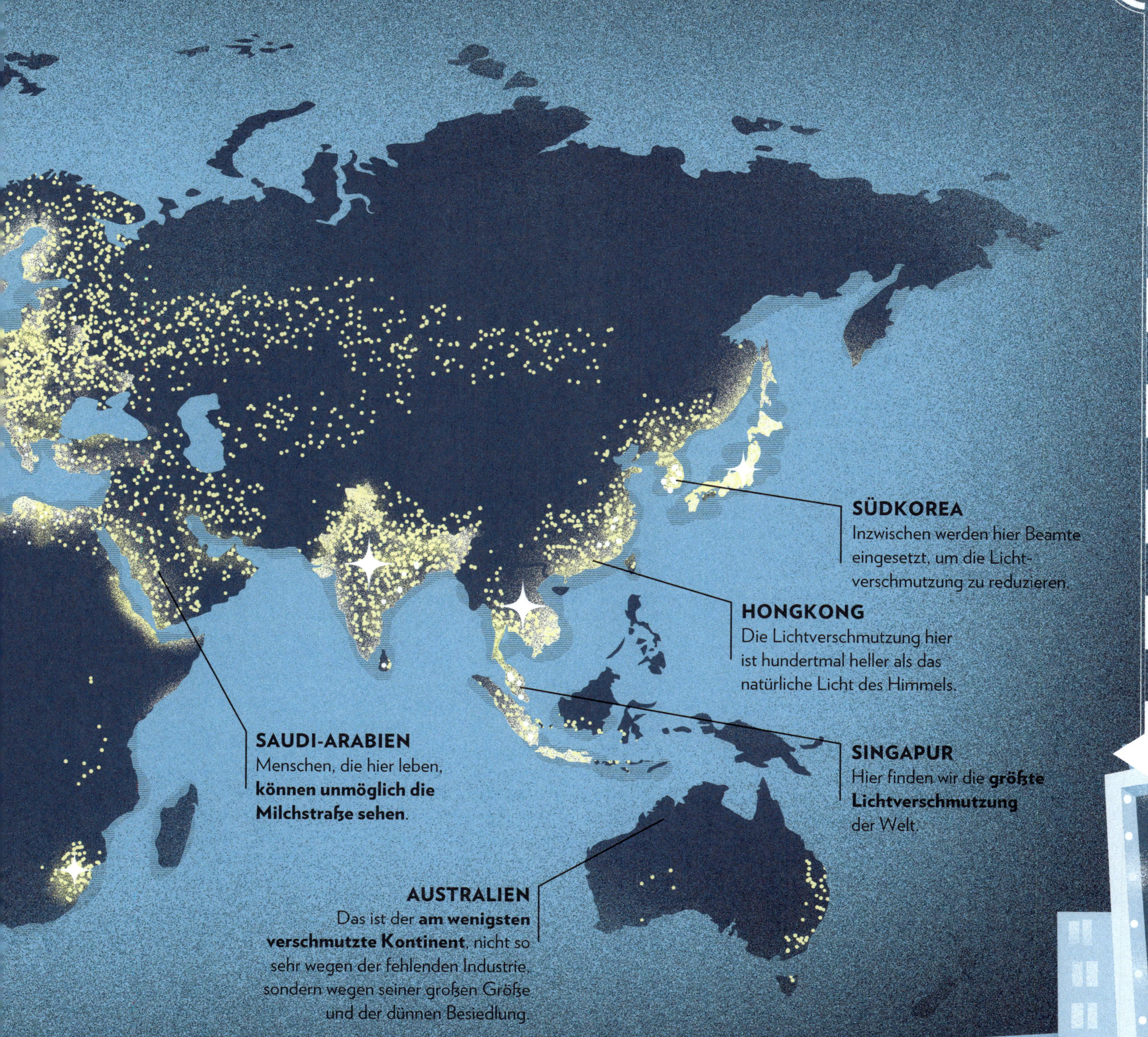

BEOBACHTUNG DER MILCHSTRASSE

Die Milchstraße, die wunderschöne weiße Spur, die unseren Nachthimmel durchzieht, **ist bei hoher Lichtverschmutzung nicht zu sehen**. Deshalb wird sie verwendet, um zu erkennen, wie verschmutzt der Himmel an verschiedenen Orten der Erde ist. Kannst du die Milchstraße von zu Hause erkennen?

SICHTBARE SEITE

MARE IMBRIUM
Dieses Meer ist **auch mit dem bloßen Auge** gut zu erkennen. Menschen auf der ganzen Welt haben sich immer Kreaturen vorgestellt, die auf dem Mond leben.

COPERNICUS (KRATER)
Er hat einen Durchmesser von 93 km und ist bis zu 3.960 Meter **tief!** Vermutlich ist er durch einen Kometen- oder Asteroiden-aufschlag entstanden.

MONTES APPENINUS
Dies ist die **größte Bergkette auf dem Mond** und erstrecken sich über etwa 1.000 km mit Gipfeln von über 4.000 Metern Höhe.

PTOLEAEUS (KRATER)
Er ist wahrscheinlich der **älteste Krater**. Sein Durchmesser beträgt ca. 160 km: In einem ganzen Tagesmarsch könnte man nicht von einer Seite zur anderen laufen!

RUPES RECTA
Ihr Name bedeutet »Steilwand« – eine **vertikale Wand**, 130 km lang und 240 Meter hoch: ein wahres Paradies für Bergsteiger!

MONS HUYGENS
Die **höchsten Berge auf dem Mond**, mit einer maximalen Höhe von 11.350 Metern (Der Everest auf der Erde ist 3 km niedriger.)

Der MOND

Der Mond ist der **einzige natürliche Satellit der Erde.** Er sieht zwar hell aus, leuchtet aber nicht von allein: Er reflektiert lediglich die Sonnenstrahlen. Die Oberfläche des Mondes ist **grau und felsig.** Er ist ziemlich **staubig**, es gibt kein Wasser, keine Luft und keinen Wind. Es gibt auch keine Atmosphäre, also ist es **immer dunkel.** Es ist ein bisschen unheimlich, aber man kann die Sterne gut sehen! Der Mond dreht sich um sich selbst in der gleichen Zeit, die er braucht, um sich um die Erde zu drehen, sodass er uns immer in die gleiche Richtung zeigt und wir selbst mit einem super starken Teleskop nie die Rückseite sehen könnten!

Mondfinsternis

Wenn sich die Erde zwischen Sonne und Mond befindet und die drei Himmelskörper auf einer Linie liegen, beleuchtet die Sonne die Erde und **der Mond bleibt im Schatten** – eine totale Mondfinsternis. Der Mond sieht dann rot aus, denn ein Teil des Sonnenlichts wird von unserer Atmosphäre abgelenkt, die sich und damit auch den Mond **rötlich färbt**. Die Ausrichtung der drei Körper muss perfekt sein, sonst verdeckt der Erdschatten nur einen Teil des Mondes und die Finsternis ist partiell.

DUNKLE SEITE

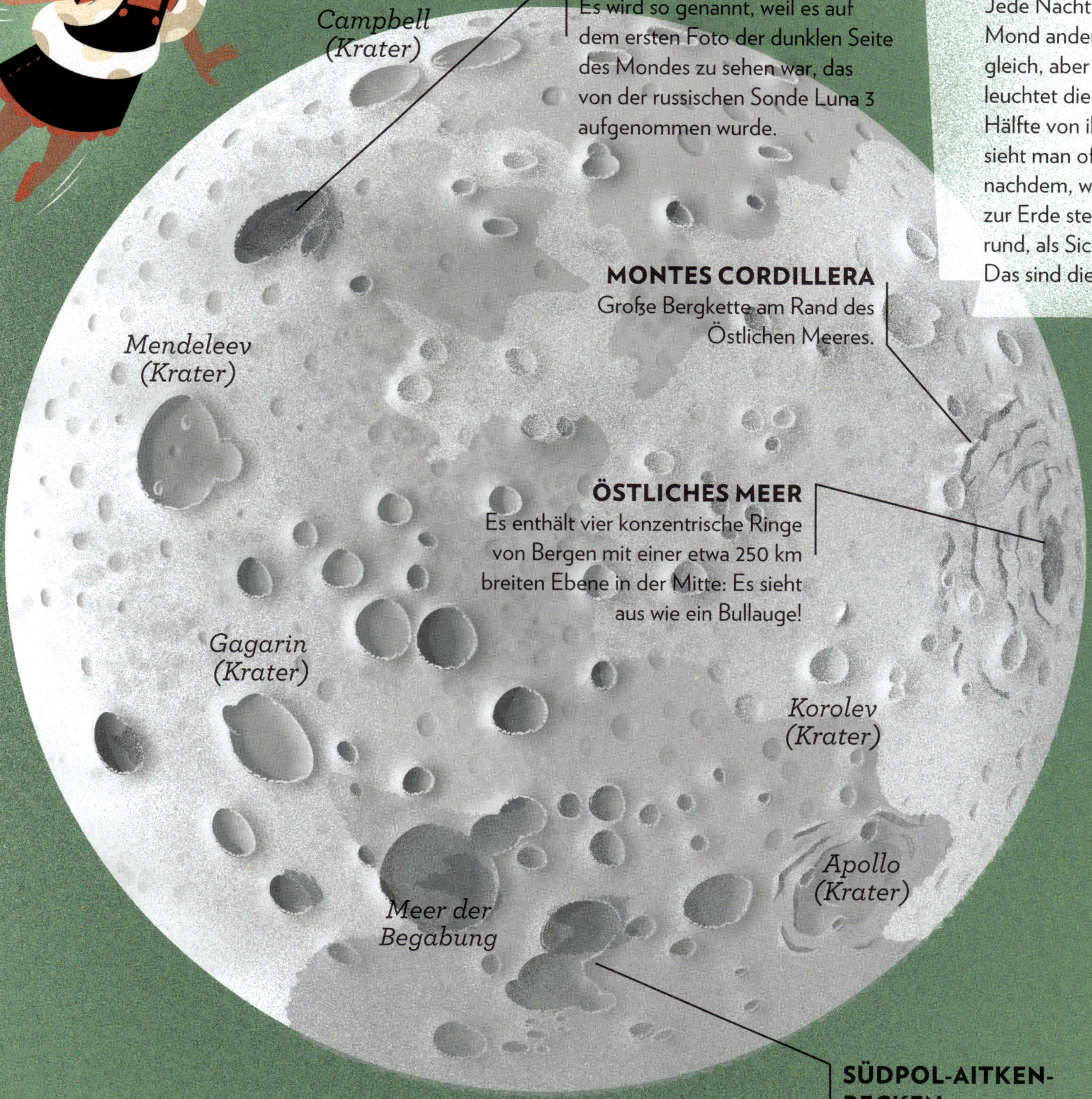

MOSKAU-MEER
Es wird so genannt, weil es auf dem ersten Foto der dunklen Seite des Mondes zu sehen war, das von der russischen Sonde Luna 3 aufgenommen wurde.

MONTES CORDILLERA
Große Bergkette am Rand des Östlichen Meeres.

ÖSTLICHES MEER
Es enthält vier konzentrische Ringe von Bergen mit einer etwa 250 km breiten Ebene in der Mitte: Es sieht aus wie ein Bullauge!

SÜDPOL-AITKEN-BECKEN
Ein großer Krater, der vom Südpol zum Äquator verläuft – er hat einen Durchmesser von 2.240 km und hält wahrscheinlich den Rekord als größter Krater im Sonnensystem! Er ist auch der tiefste Punkt auf der Mondoberfläche.

MONDPHASEN

Jede Nacht erscheint der Mond anders. Er ist immer gleich, aber manchmal beleuchtet die Sonne nur die Hälfte von ihm, und davon sieht man oft nur einen Teil, je nachdem, wo er im Verhältnis zur Erde steht. Man sieht ihn rund, als Sichel oder gar nicht: Das sind die Mondphasen.

VISITENKARTE MOND

Entfernung zur Erde	im Durchschnitt 384.400 km
Masse	73.500 Millionen Milliarden Tonnen; hundertmal geringer als die Masse der Erde
Durchmesser	3.476 km; knapp ein Viertel des Erddurchmessers
Umlaufzeit um die Erde	27 Tage und 8 Stunden
Rotation	227 Tage und 8 Stunden
Mittlere Temperatur	von 120 °C bis -200 °C
Gravitation	1/6 der Erdanziehungskraft

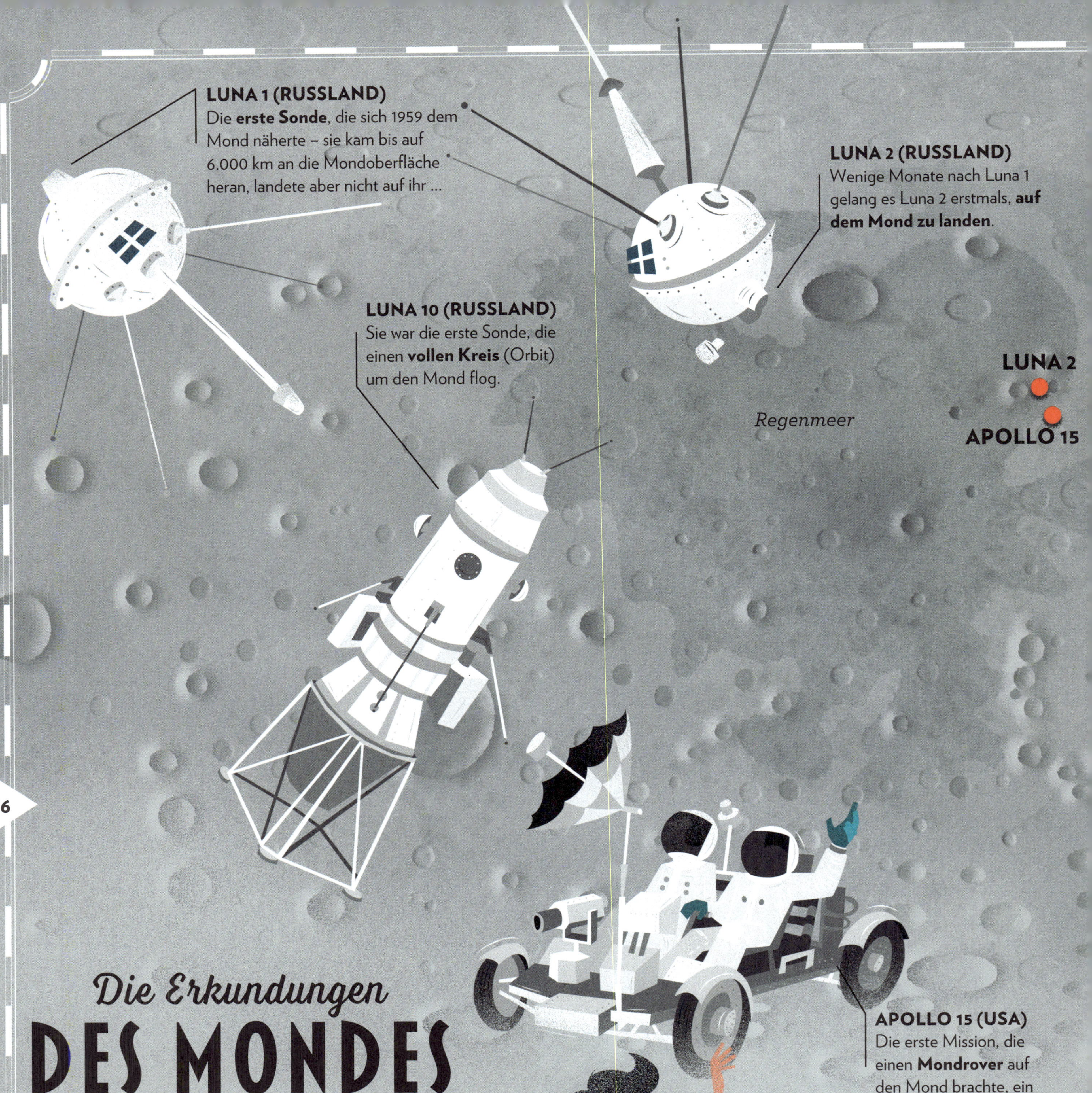

Die Erkundungen

DES MONDES

Neil Amstrong, der erste Mensch auf dem Mond, sagte: »Ein kleiner Schritt für den Menschen, ein großer Sprung für die Menschheit.« Neben der Erde ist der Mond der einzige Körper im Sonnensystem, den der Mensch betreten hat. Der Mondlandung gingen intensive Forschungen und unbemannte Landungen von Sonden voraus. Um den Mond mit einem Raumschiff zu erreichen, braucht man etwa **3 Tage**. Er ist gar nicht so weit weg, oder? Auf dieser Karte siehst du einige Orte, an denen Mondmissionen gelandet sind. Insgesamt waren es 71!

LUNA 3 (RUSSLAND)
Im Oktober 1959 gelang es der Sonde, das **erste Foto der Rückseite des Mondes** zu machen.

LUNA 21 (RUSSLAND)
Bei dieser Mission wurde ein **Fahrzeug** auf dem Mond abgesetzt, das nach ca. 5 Monaten in einem Krater endete und immer noch dort liegt, da es auf dem Mond keine Schrottplätze gibt!

LUNA 21

Meer der Heiterkeit

Meer der Ruhe

APOLLO 11

APOLLO 13 (USA)
»Houston, wir haben ein Problem.« Es sollte die dritte Mission sein, die den Mond erreicht, aber eine **Explosion beschädigte das Raumschiff**. Die Astronauten mussten die Mission abbrechen und zur Erde zurückkehren.

APOLLO 11 (USA)
Am 20. Juli 1969 landeten die Astronauten Neil Armstrong und Edwin »Buzz« Aldrin auf dem Mond: Sie waren die ersten Menschen, denen dies gelang! Auf dem Mond gibt es keine Luft, keinen Regen und keinen Wind, sodass der **Abdruck von Armstrongs erstem Schritt** immer noch zu sehen ist. Auch die Flagge, die auf dem Mondboden gesetzt wurde, weht nicht!

DEN MOND ERFORSCHEN
Mehrere Raumfahrtprogramme wurden gestartet, um den Mond besser zu untersuchen. **Mondmissionen** umfassten die Annäherung, Landung (nicht von Menschen) und das Einsammeln von Proben. Bei den **Ranger-Missionen** wurden Sonden gestartet, um so viele Bilder wie möglich aufzunehmen. Die **Surveyor-Missionen** waren die ersten kontrollierten Landungen auf dem Mond. Die Sonden machten eine Menge Bilder – und fotografierten bis zu 99% der Mondoberfläche. Die **Apollo-Missionen** hingegen waren für die Mondlandung von kleinen Robotern und Menschen konzipiert.

Wie sind die
ANDEREN PLANETEN?

Die Planeten, unsere Nachbarn, heißen Merkur, Venus, Mars, Jupiter und, weiter entfernt, Saturn, Uranus und Neptun. Sie gehören, wie die Erde, zum Sonnensystem. In manchen Fällen können wir sie sogar mit bloßem Auge sehen: Sie sehen fast wie Sterne aus. Aber um sie genauer zu beobachten, brauchst du ein Teleskop.

HEMISPHÄRE 1

NORDPOL
Die Temperatur reicht von -223 °C bis 125 °C. Die Krater liegen **immer im Schatten**, man vermutet dort sogar Eis.

KEINE ATMOSPHÄRE
Merkur hat fast keine Atmosphäre und kann deshalb die Wärme der Sonne nicht halten. Wenn eine Fläche von der Sonne beleuchtet wird, erreicht sie **sehr hohe Temperaturen**, die sofort abfallen, wenn die Sonne untergeht.

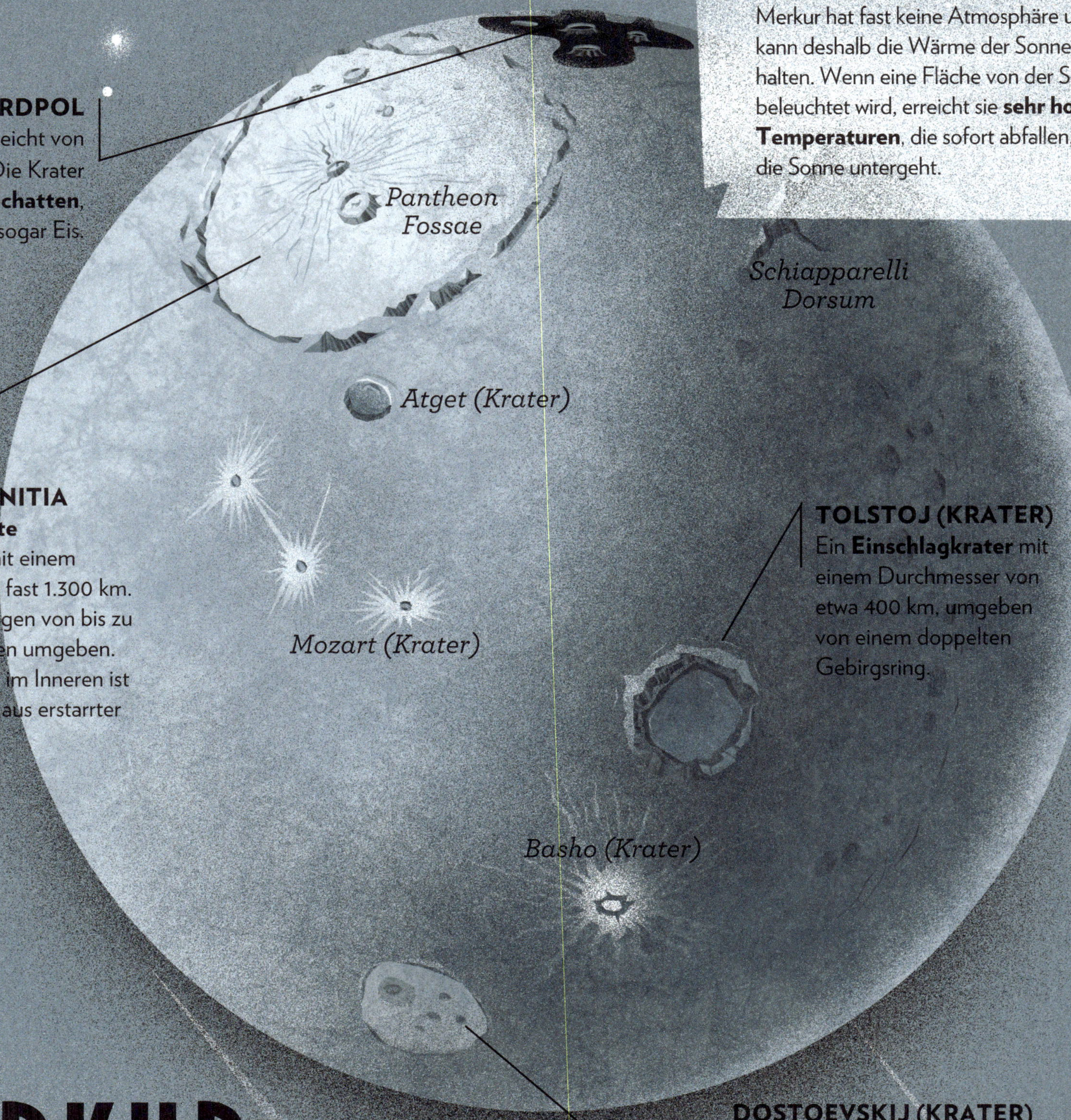

CALORIS PLANITIA
Dies ist der **größte Merkurkrater** mit einem Durchmesser von fast 1.300 km. Er ist von drei Ringen von bis zu 2 km hohen Bergen umgeben. Seine Oberfläche im Inneren ist von einer Schicht aus erstarrter Lava bedeckt.

TOLSTOJ (KRATER)
Ein **Einschlagkrater** mit einem Durchmesser von etwa 400 km, umgeben von einem doppelten Gebirgsring.

DOSTOEVSKIJ (KRATER)
Dieser riesige **Einschlagkrater** ist nach einem berühmten Schriftsteller benannt. Mehrere Orte auf dem Merkur tragen Namen berühmter Persönlichkeiten. Findest Du noch welche?

MERKUR
Nachbar der Sonne

Merkur ist **der kleinste Gesteinsplanet** im Sonnensystem (er ist nur so groß wie der Atlantische Ozean). Er dreht sich sehr schnell um die Sonne. Vielleicht ist das der Grund, warum er nach dem Götterboten des Olymps bezeichnet wurde! Es ist kein sehr gastfreundlicher Planet: Man findet hier weder Luft noch Wasser. Wie der Mond ist er **voller Krater**. Er hat keine Atmosphäre und kann daher die Meteoriten nicht aufhalten, die auf ihm einschlagen.

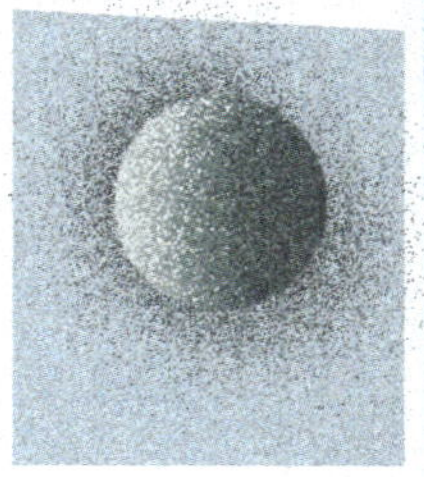

VISITENKARTE **MERKUR**

Planetentyp	Gesteinsplanet
Position relativ zur Sonne	1. Planet in 57,9 Millionen km
Durchmesser	4.864 km
Umlauf um die Sonne	88 Tage
Rotation	55 Tage
Durchschnittstemperatur	+467 °C (Tag), -183 °C (Nacht)
Monde	0

HEMISPHÄRE 2

ANTONIADI DORSUM UND SCHIAPPARELLI DORSUM
Diese beiden Bergrücken erreichen an manchen Stellen eine Höhe von 4 km und **sind nach den Astronomen benannt, die sie entdeckt haben**.

FULLER (KRATER)
Er **liegt nie in der Sonne** und besteht aus hellen und dunklen Materialien. Astronomen glauben, dass er wahrscheinlich durch einen Einschlag eines **riesigen Eisbrockens** entstanden ist – die hellen Teile könnten Eis sein.

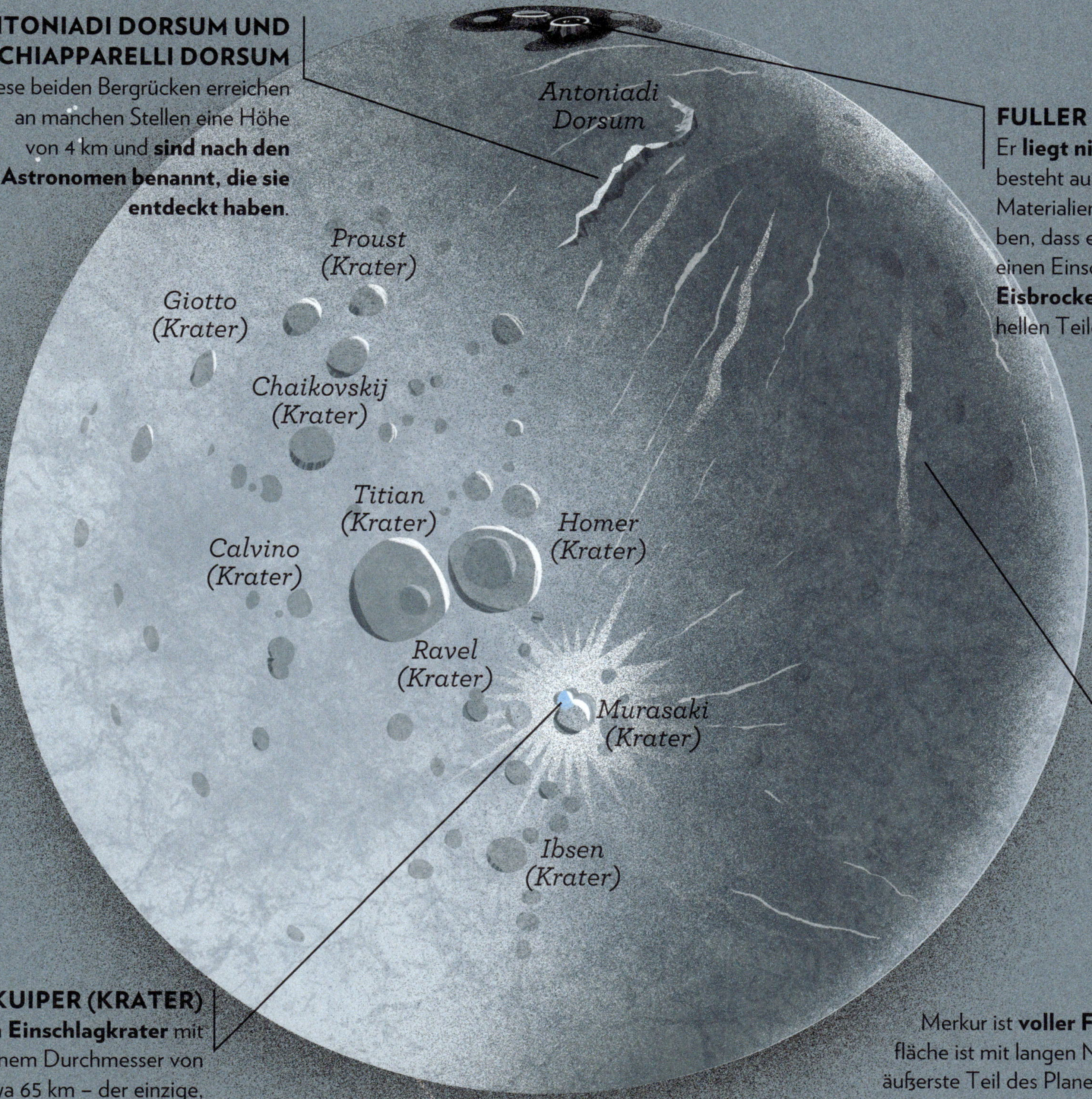

KUIPER (KRATER)
Ein **Einschlagkrater** mit einem Durchmesser von etwa 65 km – der einzige, der nach einem Astronomen und nicht nach einem Künstler benannt wurde.

ABBRÜCHE
Merkur ist **voller Falten**. Seine Oberfläche ist mit langen Narben übersät. Der äußerste Teil des Planeten hat sich gespalten und einige Regionen sind entlang der Bruchstelle aufgegangen, ein bisschen wie das, was mit einem Kuchen passiert, wenn beim Backen die Kruste bricht und das noch flüssige Innere herauslässt.

Ein Punkt auf der Sonne

Merkur liegt zwischen der Sonne und der Erde. Du kannst also manchmal seinen Durchgang vor der Sonnenscheibe beobachten, genau wie bei der Venus. Wenn Merkur perfekt zwischen der Sonne und der Erde ausgerichtet ist, was ca. ein Dutzend Mal pro Jahrhundert geschieht, kann man ihn kurz als **dunklen Punkt** vorbeiziehen sehen (wenn man vor der Sonne steht). Aber nie direkt in die Sonne schauen: Schütze immer deine Augen!

HEMISPHÄRE 1

GEGENSÄTZLICH
Die Venus dreht sich andersherum als die meisten anderen Planeten: im **Uhrzeigersinn**! Wenn du also siehst, dass die Sonne im Westen auf- und im Osten untergeht, könnte es sein, dass du auf der Venus bist. Auf der Erde geht die Sonne im Osten auf und im Westen unter.

IŠTAR TERRA
Es ist größer als Australien und beherbergt das höchste Plateau (Lakshmi Planum) und das höchste Plateau (Maxwell Montes).

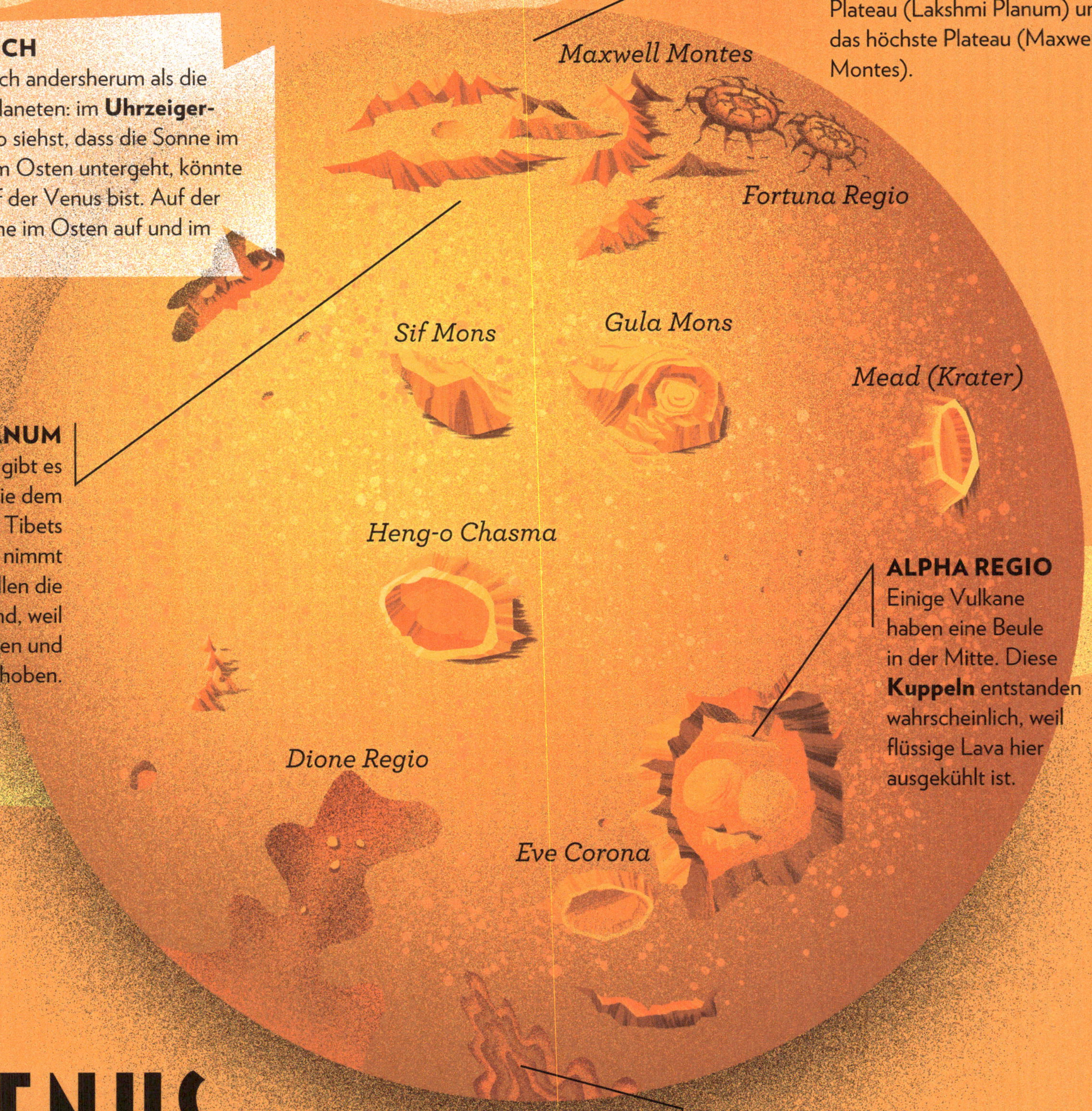

LAKSHMI PLANUM
Auf diesem **Plateau** gibt es eine Gebirgskette, die dem terrestrischen Bereich Tibets sehr ähnlich ist: Man nimmt an, dass in beiden Fällen die Berge entstanden sind, weil die Platten kollidierten und den Boden anhoben.

ALPHA REGIO
Einige Vulkane haben eine Beule in der Mitte. Diese **Kuppeln** entstanden wahrscheinlich, weil flüssige Lava hier ausgekühlt ist.

MYLITTA FLUCTUS
Das **größte Lavastromfeld** auf der Venus, 1.250 km lang und 500 km breit.

VENUS

Der leuchtende Planet

Die Venus liegt zwischen Merkur und Erde und ist zu bestimmten Zeiten als Morgen- bzw. Abendstern deutlich von der Erde aus zu sehen. Sie ist so hell, dass sie **nach der Göttin der Schönheit benannt** wurde! Die Venus ist von einer dicken Wolkendecke umgeben, die das Licht der Sonne reflektiert. Doch für einen Besuch taugt die Venus nicht: Ihre Atmosphäre besteht hauptsächlich aus Kohlendioxid und anderen Gasen, die für den Menschen absolut giftig sind. Als ob das nicht genug wäre, gibt es **einen sehr starken** Wind (bis zu 700 km pro Stunde, mehr als ein Tornado!) und es ist sehr heiß – keine gute Umgebung für Spaziergänge also.

VISITENKARTE **VENUS**

Planetentyp	Gesteinsplanet
Position relativ zur Sonne	2. Planet in ca. 108 Millionen km
Durchmesser	12.104 km
Umlauf um die Sonne	225 Tage
Rotation	243 Tage
Durchschnittstemperatur	+480 °C
Monde	0

HEMISPHÄRE 2

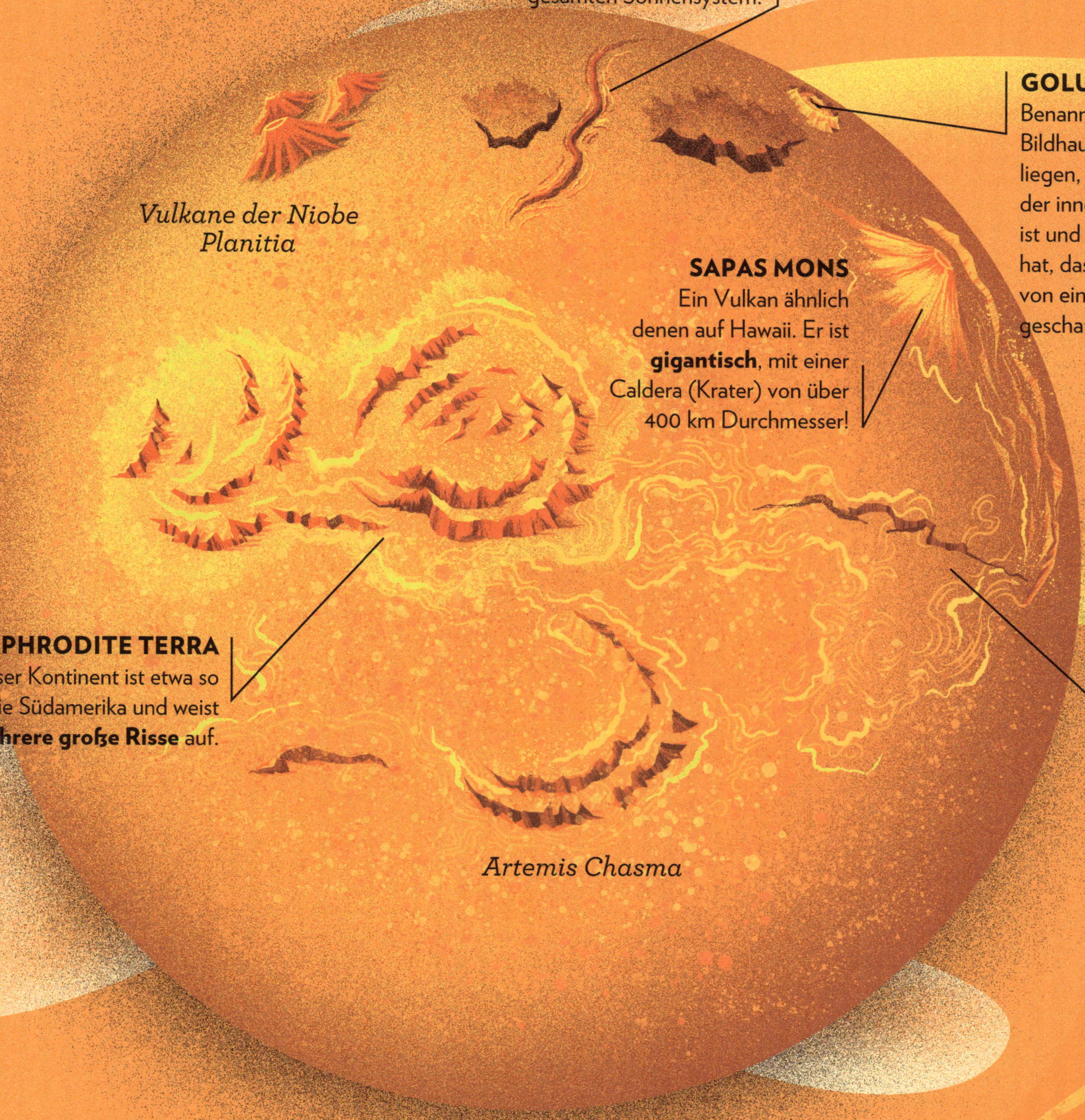

BALTIS VALLIS
Mit 6.800 km Länge ist er der größte **Lavakanal** im gesamten Sonnensystem.

GOLUBKINA (KRATER)
Benannt nach einer russischen Bildhauerin. Könnte es daran liegen, dass nach dem Aufprall der innere Hohlraum kollabiert ist und ein **tiefes Loch** gebildet hat, das aussieht, als wäre es von einer riesigen Bildhauerin geschaffen worden?

SAPAS MONS
Ein Vulkan ähnlich denen auf Hawaii. Er ist **gigantisch**, mit einer Caldera (Krater) von über 400 km Durchmesser!

APHRODITE TERRA
Dieser Kontinent ist etwa so groß wie Südamerika und weist **mehrere große Risse** auf.

DIANA CHASMA
Ein **außergewöhnlicher Canyon**, 2 km tief und 280 km lang.

DER ZWILLING DER ERDE
Venus und Erde haben viel gemeinsam. Sie sind ähnlich groß und haben eine ähnliche Masse. Vermutlich sind beide am Anfang unseres Sonnensystems aus einer ähnlichen Art Gestein entstanden. Zwar hat die Venus eine Atmosphäre, doch diese ist für Menschen hoch giftig.

Ein Vulkanplanet

Die Oberfläche der Venus ist meist flach und rötlich-gelb, fast ohne Krater, da ihre dichte Atmosphäre die Asteroiden blockiert und abbremst. Andererseits ist die Venus der Planet im Sonnensystem mit den meisten Vulkanen, von denen einige noch aktiv sind! Es gibt mindestens 156 große Vulkane, viele kleinere. An der Oberfläche findest du auch riesige Ebenen und Flüsse, in denen einst Lava floss, bevor sie erstarrte.

HEMISPHÄRE 1

NORDPOL
Hier gibt es viel **Wasser in Form von Eis**, das vor allem an den Polen konzentriert ist. Wie auf der Erde variiert die Größe der beiden Polkappen mit den Jahreszeiten.

OLYMPUS MONS
Der **höchste Berg** auf dem Mars: Er ist über 25 km hoch und se n Durchmesser beträgt mehr als 600 km.

ARSIA MONS UND SEINE HÖHLEN
Allein auf dem Vulkan Arsia, 19 km hoch, wurden **sieben riesige und dunkle Höhlen** gefunden.

VALLES MARINERIS
Ein **riesiger Canyon**, der gut 5.000 km lang, 500 km breit und 5-6 km tief ist. Wäre er auf der Erde, würde er sich von London bis Kapstadt erstrecken!

Deimos

Phobos

MARS

Der rote Planet

Die alten Römer benannten diesen Planeten nach dem Kriegsgott Mars, weil seine Oberfläche rot wie Blut aussieht. Doch die Farbe stammt vom Rost, der sich gebildet hat, weil er **sehr reich an Eisen** ist. Der rote Planet ist der Erde am ähnlichsten. Seine Abmessungen liegen zwischen denen der Erde und denen des Mondes. Problematisch sind jedoch nicht nur die sehr niedrigen Temperaturen, sondern auch eine **für den Menschen sehr giftige Atmosphäre**, die hauptsächlich aus Kohlendioxid besteht. Noch dazu ist die Atmosphäre auch noch super dünn. Wie auf dem Merkur sind auch auf dem Mars viele Einschlagkrater zu finden.

VISITENKARTE MARS

Planetentyp	Gesteinsplanet
Position relativ zur Sonne	4. Planet in 228 Millionen km
Durchmesser	6.796 km
Umlauf um die Sonne	16 Monate
Rotation	1 Tag und 30 Minuten
Durchschnittstemperatur	-63 °C
Monde	2

DER MARSHIMMEL
Der Himmel auf dem Mars ist nicht blau, wie du es gewohnt bist, sondern rot, weil pulverisierte Eisenoxide in der Atmosphäre schweben.

HEMISPHÄRE 2

VASTITAS BOREALIS
Der Durchmesser dieses **Einschlagkraters** beträgt 10.000 km, er ist größer als Asien, Europa und Australien zusammen!

ATHABASCA VALLES UND CERBERUS PALUS
Diese spiralförmigen Lavakringel entstanden, weil die Lava, die aus den Vulkanen im Elysium-Gebirge austrat, unterschiedliche Geschwindigkeiten hatte: Die schnellere Lava wickelte sich um die langsamere Lava.

SYRTIS MAJOR
Eine vulkanische Region, die sich über 1.500 km erstreckt.

ELYSIUM PLANITIA
Die zweite **vulkanische Region** des Mars; sie ist von einem **Meer aus Eis** bedeckt.

CERBERUS FOSSAE
Dieser **Riss in der Marskruste** ist wahrscheinlich durch vulkanische Lava entstanden.

EIN REKORD
Olympus Mons ist der höchste Berg nicht nur auf dem Mars, sondern im gesamten Sonnensystem. Er ist immerhin dreimal so hoch wie der Everest, ein wahres Paradies für Bergsteiger! Auf dem Mars befindet sich auch der größte Krater im Sonnensystem, der durch den gewaltigen Einschlag eines Kometen oder Asteroiden entstanden ist.

Mythos Marsmensch
1877 fertigte der italienische Astronom Schiaparelli als Erster eine Karte des Mars an und taufte ein **dichtes Netz** von Rillen fälschlicherweise »Kanäle«. Durch einen Übersetzungsfehler wurden die Kanäle zu »künstlichen Kanälen« und man glaubte, sie seien von Marsmenschen gebaut worden. Obwohl heute klar ist, dass es **keine Spur von Leben auf dem Mars** gibt, hält sich der Mythos von seltsamen grünen Außerirdischen, die vom Mars stammen.

PHOENIX (USA)
Er kam 2008 auf dem Mars an, um nach Eis zu suchen. Nach nur 5 Monaten **hörten die Solarzellen auf zu funktionieren** und der Kontakt riss ab. 10 Jahre später machte ein Satellit ein Foto vom armen Phoenix!

VIKING 1 E 2 (USA)
Diese 1976 ausgesandten Sonden nahmen Farbbilder auf und **maßen die Temperaturen** an den Landestellen: Alle lagen unter Null. Es handelte sich um **echte Weltraumroboter** mit Armen, die Bodenproben nehmen konnten.

Erkundungsflüge zum MARS

Die erste Erkundung des Mars begann am 28. November 1964. Die Sonde Mariner 4 flog in einer Entfernung von 9.844 km am Mars vorbei und machte die ersten 22 Fotos des Planeten. Seitdem wurden Sonden aller Art losgeschickt: **Orbiter**, **Lander** und sogar **Rover**. Allerdings ist es gar nicht so einfach, zum Mars zu gelangen, und viele der Missionen sind gescheitert! Auf den Spaziergang auf dem roten Planeten werden wir noch etwas warten müssen, aber am 26. November 2018 traf die Nasa-Sonde InSight auf dem Mars ein, um eine Reihe von Experimenten für die zukünftige Landung durchzuführen.

MARINER 4 (USA)
Die erste Sonde, die sich dem Mars näherte, fand einen Planeten **voller Krater** mit einer viel dünneren Atmosphäre als bisher angenommen. Die Wissenschaftler waren ein wenig enttäuscht, denn tief im Inneren hatten sie **gehofft, Spuren von Leben zu finden**. Die Sonde brauchte acht Stunden, um die aufgenommenen Fotos zur Erde zu übertragen.

MARS PATHFINDER (USA)
Die erste Mission, die 1997 den Boden des Mars erreichte. Um sicher zu gehen, dass sie richtig landet, wurde die Sonde mit so **vielen Airbags** überzogen, dass sie mehrmals abprallte, bevor sie zum Stehen kam! Dank dieser Mission wurde klar, dass es in der Vergangenheit flüssiges Wasser auf dem Mars gegeben haben muss.

CURIOSITY (USA)
Der **autogroße Rover** erreichte 2012 dank eines **Fallschirms** den Marsboden, ohne abzustürzen, und ging dann auf Erkundungstour zum Planeten. Die Selfies von Curiosity zeigen, dass **seine Räder beschädigt sind**, aber leider hatte er keinen Ersatzreifen dabei!

OPPORTUNITY (USA)
Es war die **längste Mars-Mission**: Seit dem 25. Oktober 2004 hat sie fast 50 km auf dem Planeten zurückgelegt, 225.000 Bilder zur Erde geschickt, acht Marswinter überstanden, 32 Grad steile Anstiege überwunden und 2 Jahre lang den tiefen Victoria-Krater erkundet.

SPIRIT (USA)
Dieser Rover kam 2004 auf dem Mars an; er sollte etwa 3 Monate lang betriebsbereit bleiben, aber stattdessen **arbeitete er 6 Jahre lang weiter**, bis der Kontakt zur Erde abbrach.

Ein Gesicht auf dem Mars?

1976 fotografierte die Sonde Viking 1 in der Cydonia-Region des Mars ein Gebiet, das wie ein in den Planeten gemeißeltes Gesicht aussah. UFO-Enthusiasten behaupteten, es sei ein **Marsmensch**. Erst 2001 machte die Mars Global Surveyor Mission ein detailliertes Foto des »Gesichts« und entdeckte, … es war ein Spiel der Schatten!

MAGNETFELD

Der Jupiter besitzt ein sehr starkes Magnetfeld, das jedoch **umgekehrt zu dem der Erde** ist. Das bedeutet, dass ein Erdkompass auf dem Planeten Jupiter auf den Südpol zeigen würde.

POLARZYKLON

Auf dem Jupiter kann man keine Polarforschung betreiben, nicht nur, weil es keinen felsigen Boden gibt, sondern auch, weil **schreckliche Wirbelstürme** toben. Über beiden Polen gibt es nämlich einen zentralen Zyklon, der von anderen Zyklonen gleicher Größe umgeben ist. **Die Winde blasen hier mit 350 km pro Stunde.**

JUPITER

Der Planetenriese

Jupiter ist der **größte Planet** im Sonnensystem: Er hat einen 11-mal größeren Durchmesser als die Erde! Sein Volumen ist so groß, dass er bis zu 1.300 Erden aufnehmen könnte! Außerdem hat er eine so starke Schwerkraft, dass ein 70 kg schwerer Mann auf dem Jupiter 185 kg wiegen würde. Aufgrund seiner Anziehungskraft beeinflusst er die Umlaufbahn von Asteroiden, stört die Bewegung von Planeten und kann sogar Kometen einfangen. Der Jupiter ist ein Gasplanet und daher ist es **unmöglich, ihn zu betreten** und sogar Lander oder Rover dorthin zu schicken. Sie würden einsinken. Es gibt also keine Berge, Vulkane und Krater, sondern nur Wolken und Stürme.

VISITENKARTE JUPITER

Planetentyp	Gasplanet
Position relativ zur Sonne	5. Planet in 778 Millionen km
Durchmesser	142.988 km
Umlauf um die Sonne	12 Jahre
Rotation	10 Stunden
Durchschnittstemperatur	-145 °C
Monde	79

POLARLICHTER

Astrofotografen hätten auf dem Jupiter eine Menge Spaß! Polarlichter übertreffen die **außergewöhnliche Wirkung** der irdischen Polarlichter bei weitem: Sie sind bis zu 100-mal heller. Es scheint, dass sie **von Vulkanen auf einem der Jupitermonde (Io) verursacht** werden, von dem auch die für die Polarlichter verantwortlichen Teilchen stammen.

DER GROSSE ROTE PUNKT

Er sieht aus wie ein riesiges Auge, aber er ist ein **riesiger atmosphärischer Wirbel**, wie eine Art schrecklicher Hurrikan. Er ist 25.000 km lang und 12.000 km hoch (er ist größer als die Erde!), außerdem ist er sehr tief und scheint über 300 km in die Oberfläche des Planeten einzudringen. Er wird **seit mindestens 200 Jahren beobachtet**.

HALO-RING

Der **dünnste** Ring reicht bis zum Rand der Planetenatmosphäre.

MAIN-RING

Er ist mit 6.000 km der **breiteste** von allen.

GOSSAMER-RING

Er liegt 55.000 km über den Wolken des Planeten. 800 km breit, ist er der **äußerste und hellste Ring**.

DER STREIFENPLANET

Jupiter **sieht ein bisschen aus wie ein Zebra**, aber seine Streifen sind etwa 30.000 km breit, mehr als doppelt so breit wie der gesamte Durchmesser der Erde! Die Wolken, die den Jupiter einhüllen, sehen seit Hunderten von Jahren fast gleich aus. Sie haben helle und dunkle Bereiche, aber sie sind nicht einfach eine Färbung der Oberfläche, denn sie **dringen Tausende von Kilometern in das Innere des Planeten ein**. Man kann sie sogar mit einem einfachen Amateurteleskop sehen.

Die Ringe des Jupiter

Von den Ringen des Saturns hast du sicher schon gehört, aber auch der Jupiter hat seine Ringe, auch wenn sie weniger bekannt sind. Die Sonde Voyager 1 hat sie 1979 fotografiert: **Sie sehen aus wie drei, sind aber in Wirklichkeit ein einziger Ring**, der in drei verschiedene Teile unterteilt ist. Sie haben eine eher orange Färbung und eine Dicke von einigen Kilometern.

DIE MONDE
des Jupiter

Vor über 400 Jahren beobachtete der Astronom Galileo Galilei vier Trabanten um Jupiter: Io, Europa, Callisto und Ganymed. Mit seinem rudimentären Teleskop entdeckte er **Punkte um den Planeten**, aber als sie sich bewegten, wurde ihm klar, dass diese Punkte den Jupiter umkreisen mussten. Ein großer Affront gegen diejenigen, die unsere Erde für den wichtigsten Ort im Universum hielten. Schließlich hatte die arme Erde nur einen einzigen Mond! Wie groß wäre erst der Aufschrei gewesen, hätten sie von den **79 Monden** gewusst, die wir heute kennen. Komm, wir entdecken die **vier galileischen Monde**.

TYRE (KRATER)
Es ist eine riesige **Serie von Ringen**, die aus dunklen Bändern und Graten bestehen, mit einem hellen Bereich in der Mitte. Unter der Oberfläche wird flüssiges Wasser vermutet.

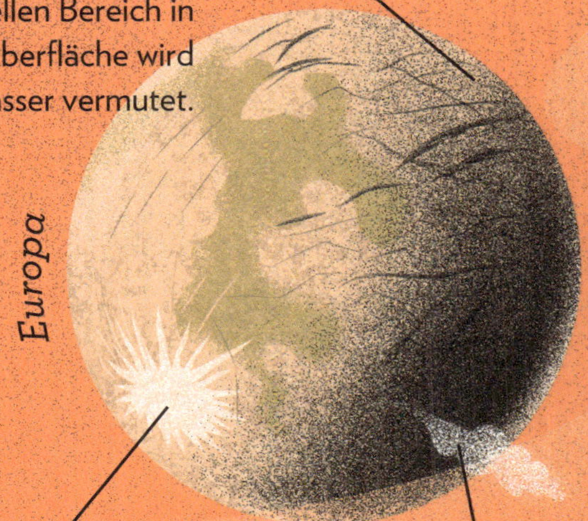

PWYLL (KRATER)
Der jüngste Einschlagkrater auf Europa mit einem Durchmesser von 25 km und einer **Hügelkette in der Mitte**.

GEYSIRE
Es scheint, dass von der Oberfläche gigantische Geysire ausgehen, d. h. **Dampfstrahlen**, die aller Wahrscheinlichkeit nach aus einem warmen unterirdischen Ozean kommen, möglicherweise die Wiege außerirdischer Lebensformen.

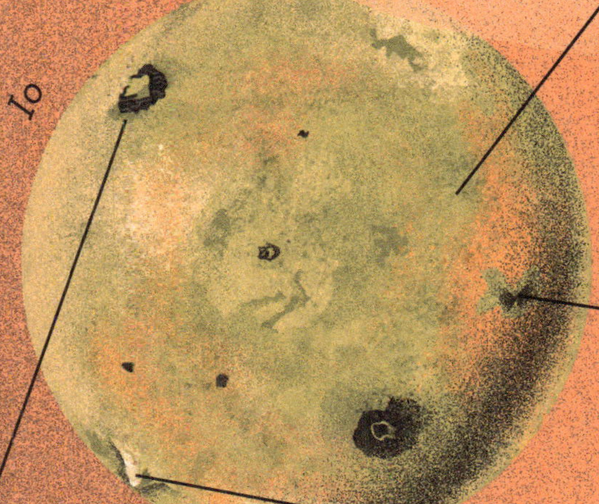

BOÖSAULE MONTES
Es gibt **drei Gipfel**, die ihre Basis auf einem Plateau haben, das mehr als 500 km hoch ist. Der höchste ist der Berg Boösaule.

PELE
Aktiver Vulkan auf Io – vorbeifliegende Sonden haben **aufsteigenden Rauch** entdeckt.

LOKI PATERA
Dieses »Loch« auf Io ist ein **gigantischer Lavasee**. Astronomen haben darauf Wellen erkannt, ähnlich wie auf unseren Meeren.

EUBOEA MONTES
Dieser steile Berg ist ca. 10.000 m hoch, ähnlich wie der Mauna Kea auf der Erde.

IO
Er ist **der innerste Mond** des Jupiters. Sein Boden ist dem der Gesteinsplaneten sehr ähnlich. Es ist **voller aktiver Vulkane** (etwa 150), aus denen ständig Lava austritt. Da es hier wenig Gravitationskraft gibt, steigen die Trümmer und die Lava bis zu 300 km hoch und verursachen **erstaunliche Eruptionen**! Auch auf Io gibt es hohe Berge.

EUROPA
Die Oberfläche von Europa ist mit **Eis** bedeckt und reflektiert die Sonnenstrahlen wie ein Spiegel. Die Anziehungskraft des Jupiters verursachte eine Öffnung in der Kruste auf Europa, die sich daraufhin verfestigte, aber **deutliche Risse** auf der Oberfläche zeigte. Darum vermuten Wissenschaftler dort flüssiges Wasser und damit mögliche Lebensformen.

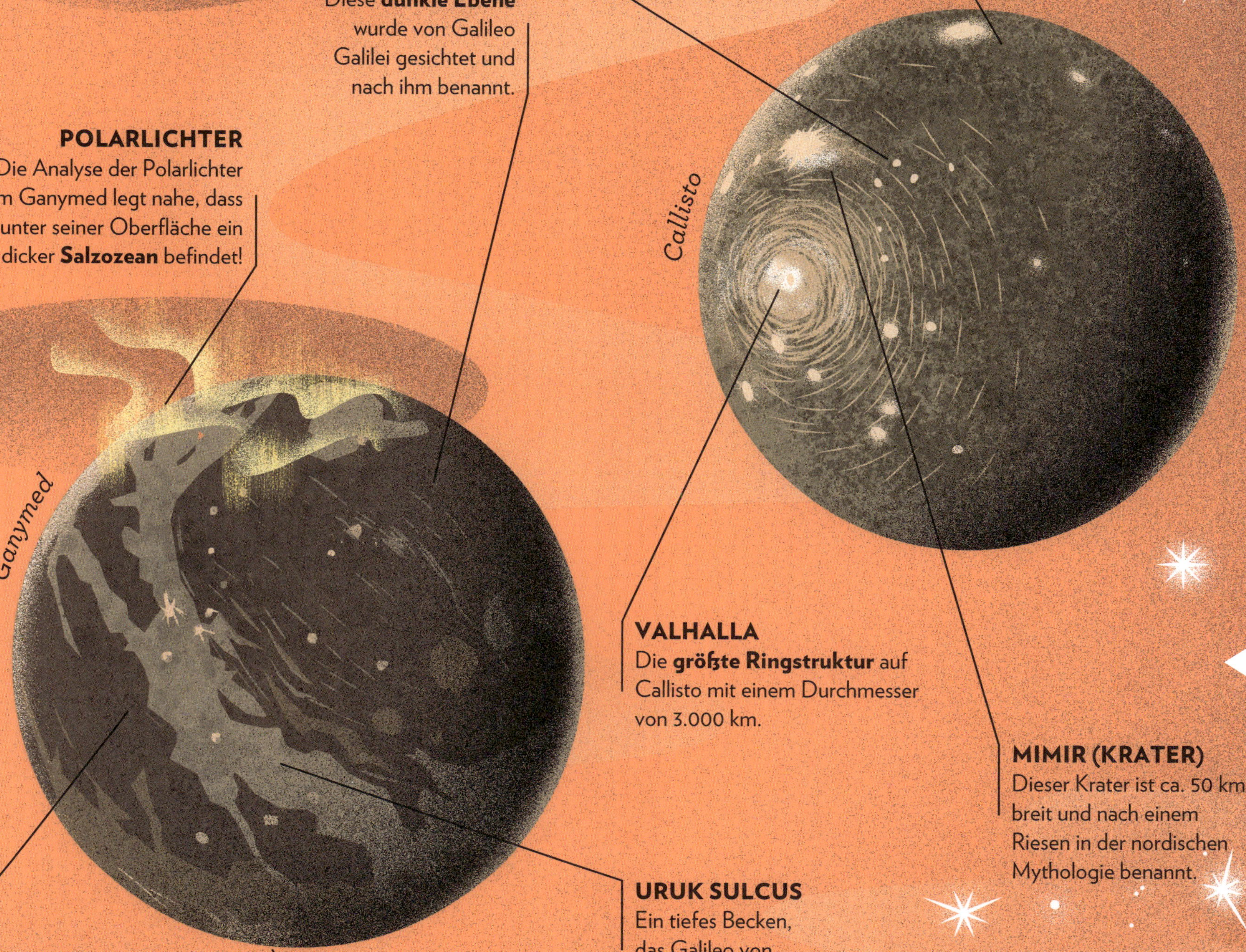

CATENA GIPUL
Eine **Kette von Einschlägen**, vermutlich durch einen Kometen entstanden.

EGDIR (KRATER)
Dieser Krater hat einen **Durchmesser von 60 km**, etwas 600-mal die Länge eines Fußballfeldes.

GALILEO
Diese **dunkle Ebene** wurde von Galileo Galilei gesichtet und nach ihm benannt.

POLARLICHTER
Die Analyse der Polarlichter um Ganymed legt nahe, dass sich unter seiner Oberfläche ein 100 km dicker **Salzozean** befindet!

VALHALLA
Die **größte Ringstruktur** auf Callisto mit einem Durchmesser von 3.000 km.

MIMIR (KRATER)
Dieser Krater ist ca. 50 km breit und nach einem Riesen in der nordischen Mythologie benannt.

URUK SULCUS
Ein tiefes Becken, das Galileo von Marius Regio trennt.

MARIUS REGIO
Der Durchmesser dieser **Formation** beträgt 4.000 km.

OSIRIS (KRATER)
Dieser Krater ist noch relativ jung und von hellem, eisigem Material umgeben.

GANYMED

Er **ist der größte Mond im Sonnensystem**, sogar größer als der Planet Merkur! Würde er um die Sonne kreisen, könnte er als Planet eingestuft werden, aber da er den Jupiter umkreist, muss er sich damit begnügen, ein Mond zu sein. 40% seiner Oberfläche sind dunkel und voller Krater, während die restlichen 60% klar und voller Narben sind.

CALLISTO

Er ist eine Art Kreuzung zwischen Io und Europa, da er sowohl aus Felsen als auch aus Eis besteht. Er ist der **Ort im Sonnensystem, an dem die meisten Krater** mit mehreren Ringen zu finden sind. Die hellen Punkte auf der Karte sind **Einschlagkrater**.

DIE RINGE DES SATURN

Sie sind nichts anderes als sehr **kleine Monde** unterschiedlicher Größe. Zwischen den einzelnen Ringen sind dunkle Strahlen zu erkennen, die wahrscheinlich aus Staub bestehen. Das Ringsystem ist **nicht dick**, nur etwa 1,5 km, erstreckt sich jedoch vom Zentrum des Planeten bis auf 170.000 km bzw. 285.000 km. Der Ring besteht eigentlich aus **mehreren Unterringen**, jeder mit einer Größe von hundert Kilometern.

SATURN HAT, WIE JUPITER, EIN INNERES MAGNETFELD, DAS IN BEZUG AUF DAS DER ERDE UMGEKEHRT IST.

A-RING

Er ist der **hellste Ring**. Außen wird er von der Umlaufbahn eines der Saturn-Monde begrenzt.

BAND-ATMOSPHÄRE

Saturn erscheint **gelblich** mit hellen und dunklen Wolken, die in regelmäßigen Bändern angeordnet sind. Die Wolken sind aufgrund der **starken Winde** so intensiv, ein Raumschiff würde den Flug hier hinein nicht überstehen.

ENCKE-TEILUNG

Es handelt sich um einen **leeren Raum** im Ringsystem, direkt innerhalb des A-Rings.

CASSINISCHE TEILUNG

Ein **Leerraum zwischen den Ringen A und B**, davon gibt es mehrere! Der Ring des Saturn ist merkwürdig – sieht aus wie eine Scheibe, aber mit mehreren Löchern.

SATURN

Der Herr der Ringe

Eines der Hauptmerkmale des Saturns ist sein **Ringsystem**. Der erste Mensch, der die Ringe entdeckte, war der Astronom Galileo Galilei. Anfangs verglich er sie mit **Eselsohren**, da sie von einer Seite des Planeten zur anderen wie Ohren aussahen! Saturn ist nicht der einzige Planet mit Ringen, aber seine sind die bekanntesten und auffälligsten. Je nach Position zur Erde sind sie manchmal recht schwer zu entdecken. Alle 15 Jahre, wenn die Ringe des Saturns senkrecht zur Erde stehen, können wir sie nicht sehen, aber dann tauchen sie wieder auf. Der Saturn hat keine harte Kruste und ist viel weniger dicht als die Erde: Läge der Saturn im Wasser, würde er schwimmen!

VISITENKARTE SATURN

Planetentyp	Gasplanet
Position relativ zur Sonne	6. Planet in 429 Millionen km
Durchmesser	120.660 km
Umlauf um die Sonne	29 Jahre
Rotation	10 Stunden und 14 Minuten
Durchschnittstemperatur	-180 °C
Monde	mindestens 18

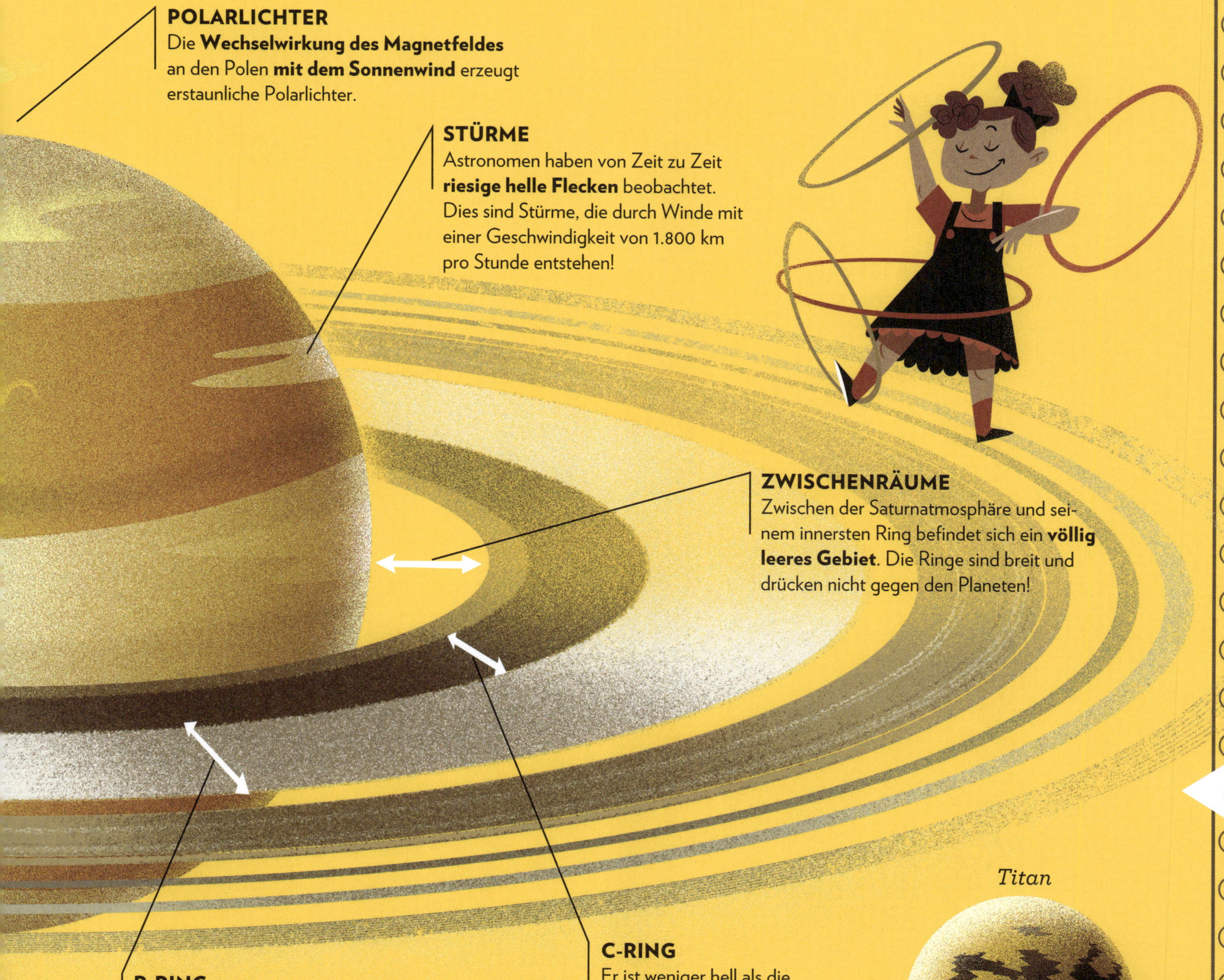

POLARLICHTER
Die **Wechselwirkung des Magnetfeldes** an den Polen **mit dem Sonnenwind** erzeugt erstaunliche Polarlichter.

STÜRME
Astronomen haben von Zeit zu Zeit **riesige helle Flecken** beobachtet. Dies sind Stürme, die durch Winde mit einer Geschwindigkeit von 1.800 km pro Stunde entstehen!

ZWISCHENRÄUME
Zwischen der Saturnatmosphäre und seinem innersten Ring befindet sich ein **völlig leeres Gebiet**. Die Ringe sind breit und drücken nicht gegen den Planeten!

B-RING
Dieser unterscheidet sich stark vom A-Ring. Die Astronomen verstehen immer noch nicht ganz, warum die hellen Bänder tatsächlich durch **viele dunkle Bänder** getrennt sind, viel mehr als die im A-Ring.

C-RING
Er ist weniger hell als die beiden anderen Ringe und ist der **innerste**.

Titan

Der Titan-Mond

Die Anzahl der Saturn-Monde ändert sich ständig, denn seine Ringe sind voll von Körpern, die als Monde betrachtet werden können, und die Astronomen fügen immer wieder neue hinzu. Der größte von ihnen heißt **Titan**, was nicht zufällig der Name eines Riesen ist: Tatsächlich ist er der zweitgrößte im Sonnensystem und sogar größer als der Planet Merkur! Seine Atmosphäre ist sehr undurchsichtig, sogar noch undurchsichtiger als die einer verschmutzten Metropole, sodass es sehr schwierig war, herauszufinden, wie seine Oberfläche aussieht. Allerdings haben die Astronomen festgestellt, **dass er unserem Planeten sehr ähnlich sieht**: Seen, Flüsse, Berge, Dünen, Ebenen ... Gibt es also Wasser auf diesem Mond? In Wirklichkeit ist nicht alles Gold, was glänzt, und nicht alles, was fließt, ist Wasser. Die Flüssigkeiten auf Titan sind nämlich kein Wasser, sondern Ethan und flüssiges Methan.

VISITENKARTE **URANUS**

Planetentyp	Gasplanet
Position relativ zur Sonne	7. Planet in 2.875 Millionen km
Durchmesser	51.118 km
Umlauf um die Sonne	84 Jahre
Rotation	17 Stunden und 14 Minuten
Durchschnittstemperatur	-214 °C
Monde	mindestens 14

MONDE
Fünf der vielen Trabanten des Uranus sind schon seit vielen Jahren bekannt: Titania, Oberon, Umbriel, Ariel und Miranda. Das sind keine modernen Namen, denn sie gehören zu Figuren aus den **Werken von Shakespeare und Pope**, zwei großen englischen Dichtern.

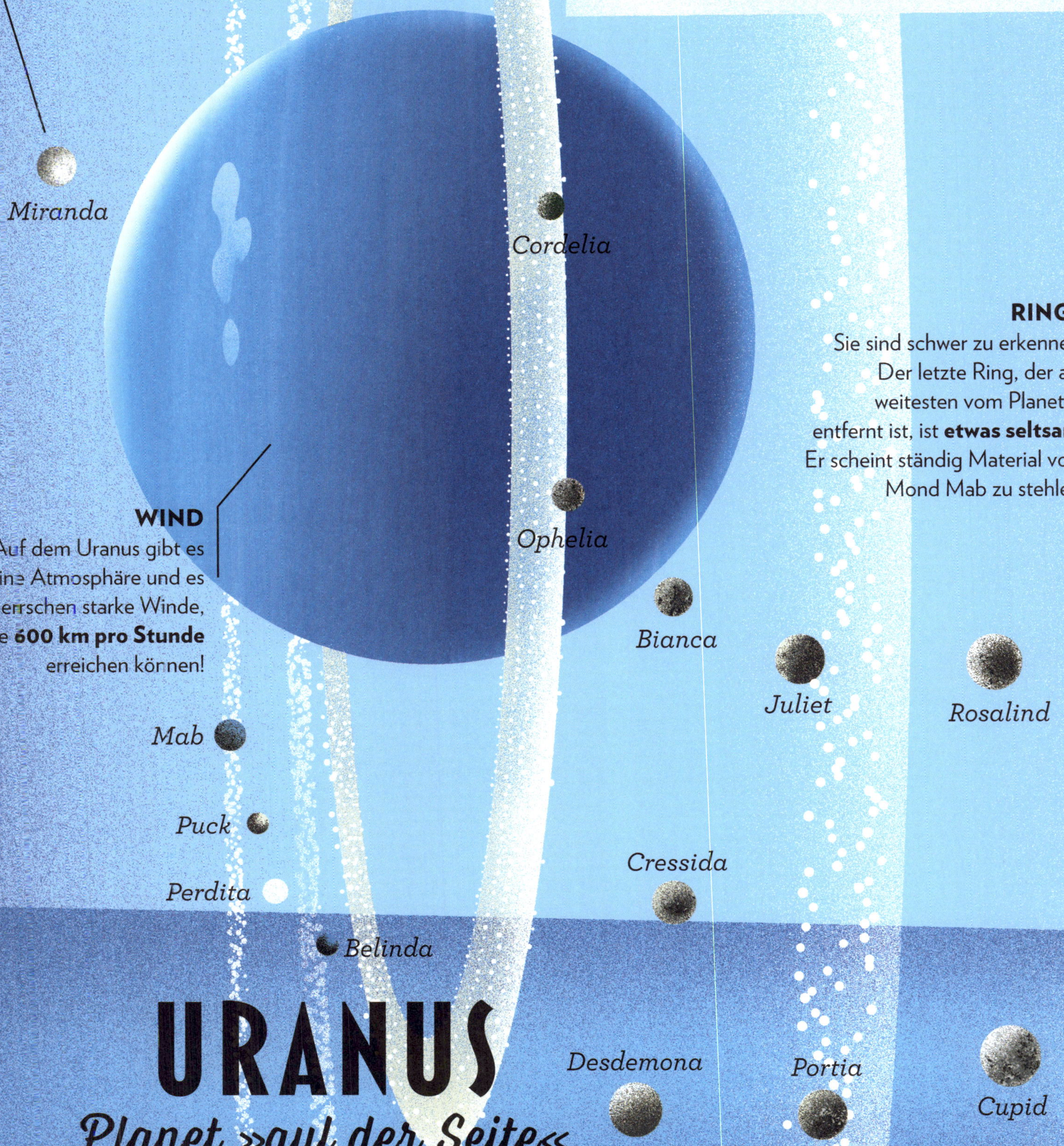

RINGE
Sie sind schwer zu erkennen. Der letzte Ring, der am weitesten vom Planeten entfernt ist, ist **etwas seltsam**: Er scheint ständig Material vom Mond Mab zu stehlen.

WIND
Auf dem Uranus gibt es eine Atmosphäre und es herrschen starke Winde, die **600 km pro Stunde** erreichen können!

URANUS
Planet »auf der Seite«

Hier ist der kleine Bruder von Jupiter und Saturn, gasförmig, aber kleiner. Verglichen mit der Erde ist er stattdessen riesig: Er könnte 60 Planeten wie unseren enthalten! Uranus ist reich an Methan, und dieses Element bestimmt wahrscheinlich seine blaue Farbe. Hier ist es sehr kalt: Es ist das Reich von Eis und Wolken. Diese Karte ist nicht schief, wir liegen nicht falsch! Der Planet liegt als einziger auf der Seite, seine Rotationsachse ist zur Sonne ausgerichtet, **wie eine Bowlingkugel** dreht er sich um sich selbst.

GROSSER DUNKLER FLECK
Erinnerst du dich an den großen roten Fleck auf dem Jupiter? Ein noch größerer wurde auf dem Neptun gesichtet! Nach seiner **Entdeckung** im Jahr 1989 wurde er von Astronomen nie wieder gefunden. Jahre später entdeckten sie jedoch viele kleinere.

WINDE UND WOLKEN
Die Winde auf dem Neptun übersteigen **2.000 km pro Stunde** (es sind die stärksten Winde im Sonnensystem, 10-mal heftiger als ein Hurrikan auf der Erde!).

RINGE
Wie alle Gasplaneten hat auch Neptun Ringe. Es sind sechs, **dünn und kaum sichtbar**.

TRITON
Ein seltsamer Mond: Er dreht sich in die entgegengesetzte Richtung zu den anderen Monden des Planeten. Astronomen glauben, dass er zu einem späteren Zeitpunkt »eingefangen« wurde. Hier ist es bis zu -235 °C kalt! Brrr ...

NEPTUN
Der Eisplanet

Dieser Planet sieht aus wie der Zwilling von Uranus. Zumindest was seine Farbe angeht (in seiner Atmosphäre befindet sich auch Methan), denn wenn man sich seine Dimensionen anschaut, stellt man fest, dass Neptun etwas kleiner ist. Er ist so blau, **dass er fast vom Meer bedeckt zu sein scheint**: Wurde er deshalb nach dem römischen Gott des Meeres benannt? Er ist am weitesten von der Sonne entfernt, daher ist er auch der **kälteste** Planet im Sonnensystem.

VISITENKARTE NEPTUN

Planetentyp	Gasplanet
Position relativ zur Sonne	8. Planet in 4.504 Millionen km
Durchmesser	49.500 km
Umlauf um die Sonne	165 Jahre
Rotation	16 Stunden und 3 Minuten
Durchschnittstemperatur	-214 °C
Monde	mindestens 14

PLUTO

SPUTNIK PLANITIA
Was macht **ein Herz auf dem Pluto?** Es ist eine **eisige** Ebene, die größtenteils aus Methan besteht, ein Becken, das tausend Kilometer breit und 4 Kilometer tief ist.

DÜNEN
Auf dem Pluto wurden Dünen mit Kanälen gesichtet. Man nimmt an, dass sie von Körnern aus gefrorenem **Methan gebildet** werden.

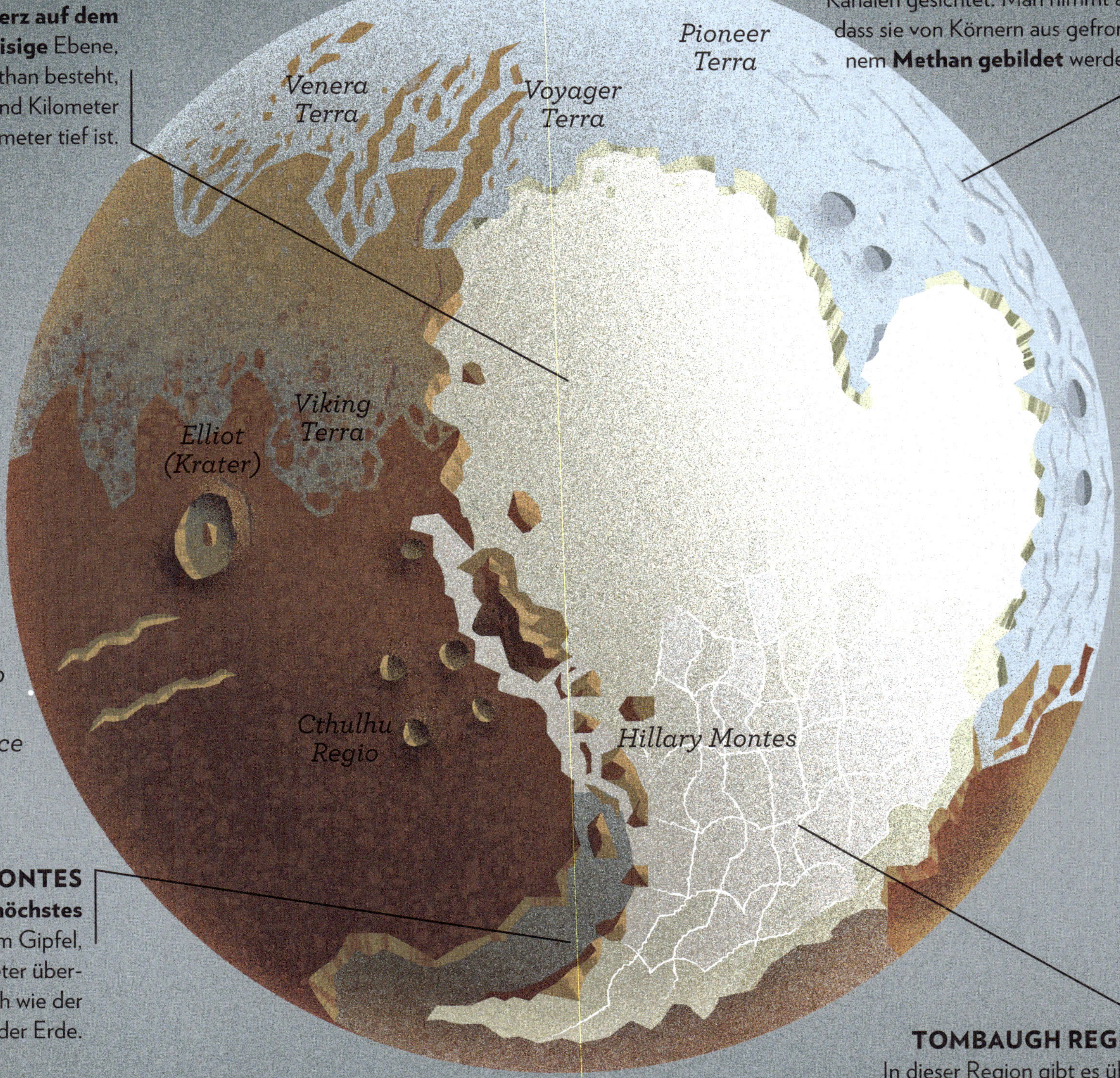

NORGAY MONTES
Es ist Plutos **höchstes Gebirge**, mit einem Gipfel, der 6.000 Meter übersteigt, etwa so hoch wie der Kilimandscharo auf der Erde.

TOMBAUGH REGIO
In dieser Region gibt es über 300 km Bergrücken und Senken.

PLUTO & CHARON

Pluto war einmal ein Planet, aber wegen seiner relativ geringen Größe und der großen Anzahl von Planeten, die ihm ähnlich sind, wurde er in eine andere Kategorie eingeordnet, nämlich die der **Zwergplaneten**. Pluto befindet sich in guter Gesellschaft: Im Kuipergürtel gibt es mindestens 839 sehr kleine (und damit nicht namenswürdige) Planeten. Pluto ist **ein kalter Ort** mit einer eisigen Oberfläche, die wahrscheinlich aus Methaneis, Stickstoff und Wasser besteht, und einer verdünnten Atmosphäre. Um ihn kreist der Mond Charon, der nicht viel kleiner ist als als Pluto. Seine Oberfläche ist jedoch anders, da sie von gefrorenem Wasser gebildet wird.

CHARON

OZ TERRA
Ich frage mich, ob diese **kraterreiche Region** nach dem berühmten Zauberer von Oz benannt ist, und wer weiß, ob der Zauberer von Oz sich über den Namen gefreut hätte?

»MARIANENGRABEN« DES CHARON
Anscheinend gibt es hier einen Graben, der **viel tiefer ist** als der Marianengraben auf der Erde.

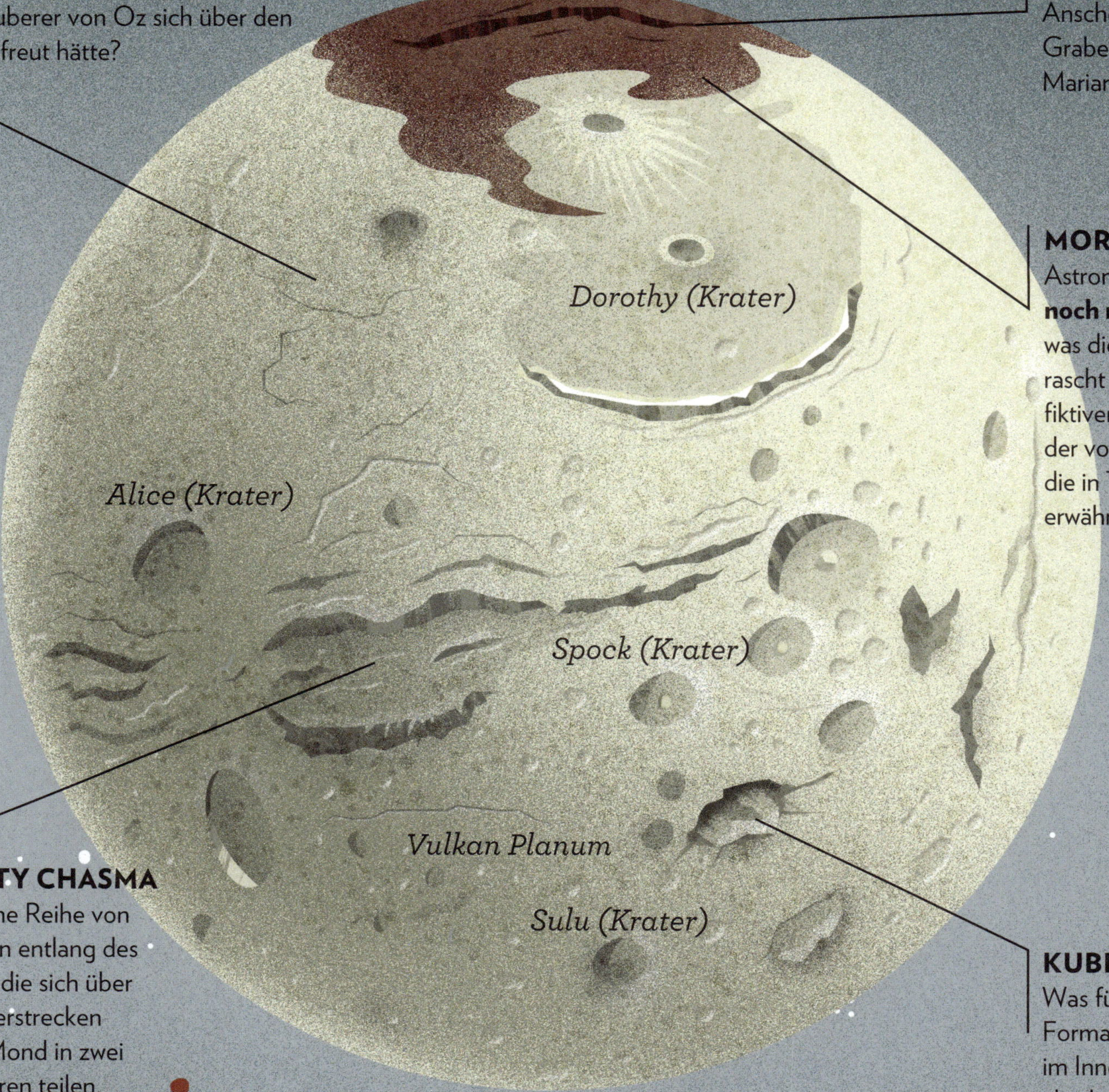

MORDOR MACULA
Astronomen **haben immer noch nicht herausgefunden**, was dieser Fleck ist. Es überrascht nicht, dass er einen fiktiven Namen erhalten hat, der von einer Region stammt, die in Tolkiens **Herr der Ringe** erwähnt wird.

SERENITY CHASMA
Dies ist eine Reihe von Abgründen entlang des Äquators, die sich über 1.600 km erstrecken und den Mond in zwei Hemisphären teilen.

KUBRICK MONS
Was für eine seltsame Formation! Es ist ein Berg im Inneren einer Grube, als ob er plötzlich in ein Loch gesunken wäre!

Ein Name aus einem Cartoon

Ein Tag auf Pluto dauert etwa 153 Erdenstunden, während man für eine Umrundung der Sonne 248 Erdenjahre braucht, also ein plutonisches Jahr vergehen lässt! Obwohl Charon der Mond ist, den wir am besten kennen, befindet er sich in guter Gesellschaft. Insgesamt **gibt es fünf Monde des Pluto**: Charon, Hydra, Night, Cerberus und Styx. Der berühmte Cartoon-Hund Pluto wurde 1930 erstmals gezeichnet, kurz nach der Entdeckung des Planeten. Nach ihm bekam er seinen Namen.

HEMISPHÄRE 1

OXO (KRATER)
Dieser kleine 10 km große Krater ist sehr interessant, weil er **reich an Eis** zu sein scheint.

HAULANI (KRATER)
Er ist nach dem hawaiianischen Gott der Bäume benannt, obwohl es hier gar keine Bäume gibt! Im Inneren ist er eine **glatte Ebene** mit einem Berg in der Mitte.

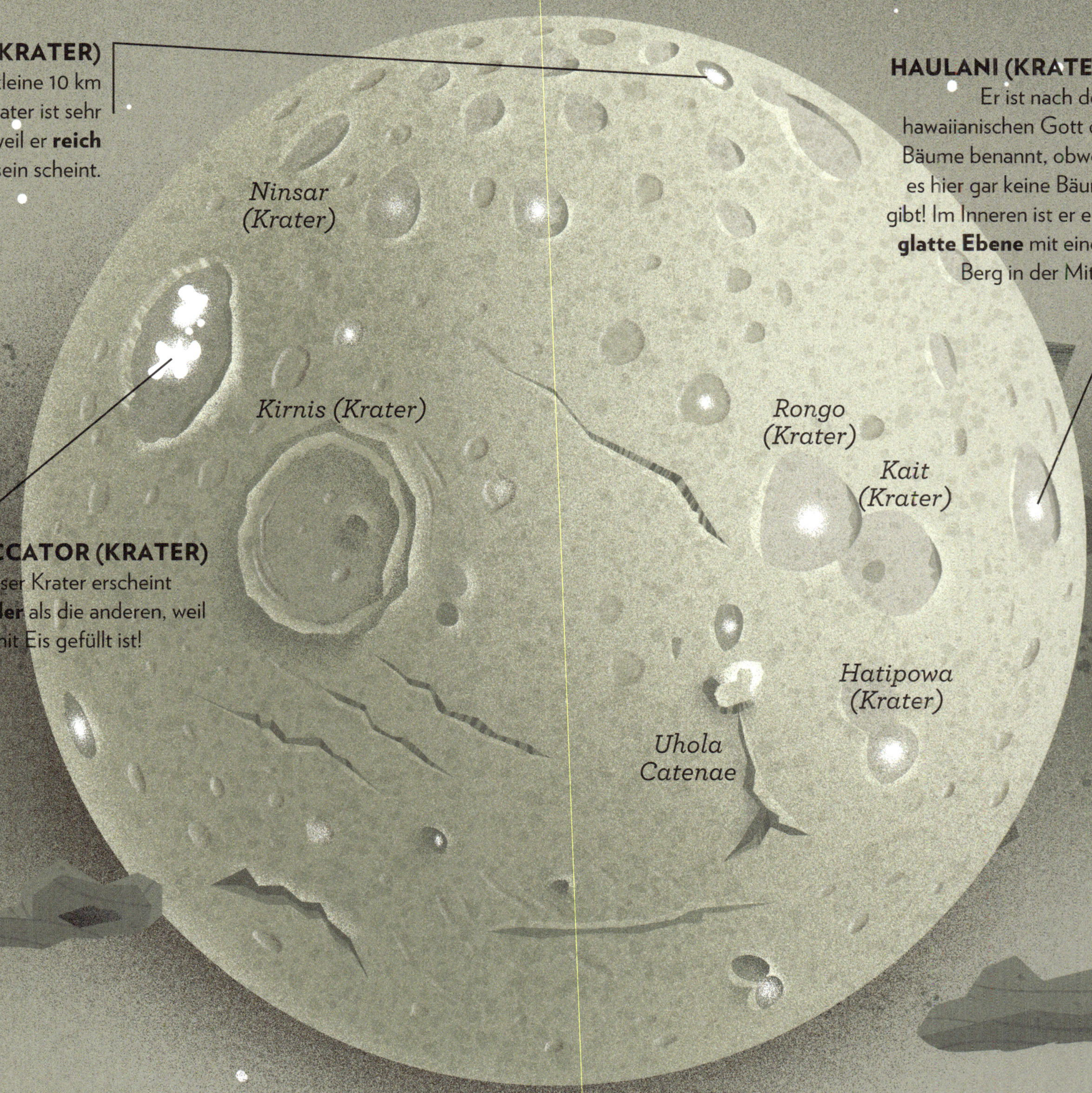

OCCATOR (KRATER)
Dieser Krater erscheint **heller** als die anderen, weil er mit Eis gefüllt ist!

CERES

Zwischen den Bahnen von Mars und Jupiter kreisen die meisten Asteroiden: Das ist der **»Hauptasteroidengürtel«**. Der größte Asteroid ist Ceres: Er hat einen Durchmesser von 972 km und wurde auch als erster vor über 200 Jahren entdeckt. Seit 2006 wird Ceres aufgrund seiner Größe **in Betracht gezogen, ein Zwergplanet zu werden**, genau wie Pluto, der vom Planeten zum Zwergplaneten herabgestuft wurde. Ceres' Oberfläche ist von Kratern überzogen, einige davon sind hier in der Karte zu sehen!

HEMISPHÄRE 2

DANTU (KRATER)
Er ist **reich an Klüften** und hat einen Durchmesser von 120 km und eine Tiefe von 90 km. Er wurde nach dem ghanaischen Gott des Mais benannt.

HELL LEUCHTEND
Jahrelang konnte niemand verstehen, warum die Krater von Ceres aussahen, als wären sie voller **glitzernder weißer Weihnachtskugeln**. Heute denken die Astronomen, dass es sich um **Salz oder Eis** handelt, das sich in der Mitte der Krater konzentriert.

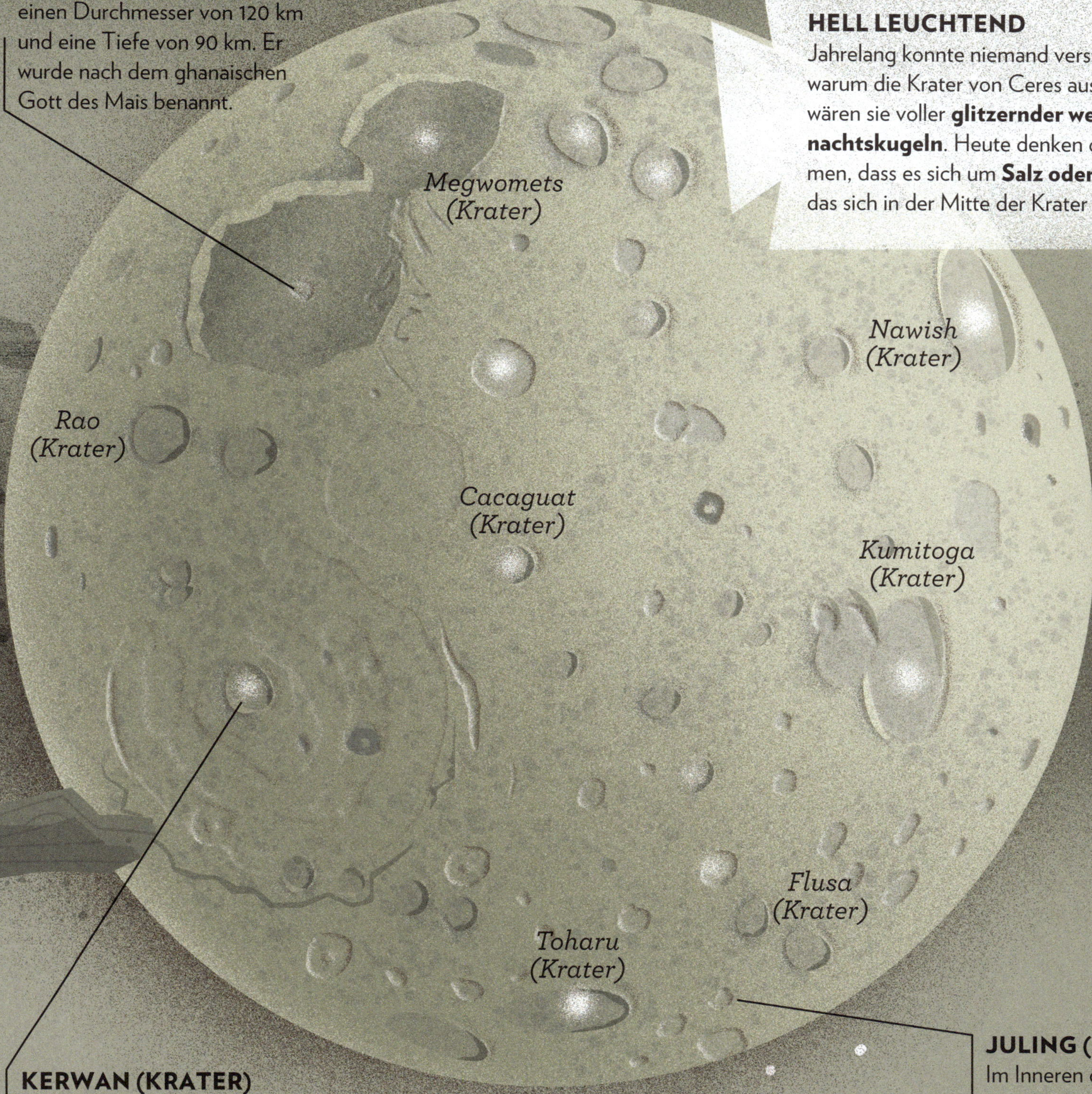

KERWAN (KRATER)
Dies ist der größte Krater auf Ceres. Er ist 280 km breit und ein zweiter Krater, Insitor, befindet sich in seiner Mitte.

JULING (KRATER)
Im Inneren dieses Kraters vermutet man **gefrorenes Wasser**. Astronomen sind immer sehr an der Anwesenheit von Wasser interessiert, selbst im gefrorenen Zustand, denn wo Wasser ist, könnte Leben sein.

Ein Heer von kleinen Steinen

Asteroiden stellt man sich immer riesig vor, aber das ist nicht der Fall! Es gibt wahnsinnig viele davon, aber die meisten sind wirklich **ziemlich klein!** Wenn man sie alle nehmen und zusammensetzen würde, bekäme man immer noch einen Körper, der kleiner als der Mond ist! Asteroiden sind nicht alle gleich, **einige sind aus Gestein, andere aus Metall**; sie haben oft eine dunkle Farbe, weil sie Kohlenstoff enthalten. Wenn diese Asteroiden kollidieren, bilden sich Meteoriten. Fast alle Meteoriten, die auf die Erde gefallen sind, stammen aus diesem Teil des Sonnensystems.

Was sehen moderne TELESKOPE?

Einst beobachteten Astronomen mit ihren Fernrohren einen Himmel voller Sterne, heute können leistungsstarke Teleskope einen Himmel voller Galaxien sehen. Stell dir ein Quadrat von einem Zentimeter Kantenlänge hinter dem Großen Wagen oder anderswo am Himmel vor: Was haben moderne Teleskope in diesem winzigen Himmelsstück entdeckt? Hunderte von Galaxien, leuchtenden Nebeln und Weltraumobjekten. Astronomen nennen diese weit entfernten Teile des Himmels den »Deep Space«. Also schauen wir uns einmal an, was wir mit bloßem Auge nicht sehen können.

Hinter dem Sternbild

GROSSER WAGEN

Der Große Wagen **gehört zum Sternbild** Großer Bär. Die **sieben Sterne** des Großen Wagens sind viel heller als der Rest des Sternbildes ... sie sind berühmter geworden als die anderen. Die Menschen haben verschiedene Bilder unter diesen Sternen gesehen. In der griechisch-römischen Mythologie ist es zum Beispiel der Rücken eines Bären, jedoch mit einem langen Schwanz. In dieser Karte siehst du einen Quadratzentimeter des Himmels hinter dem Großen Wagen.

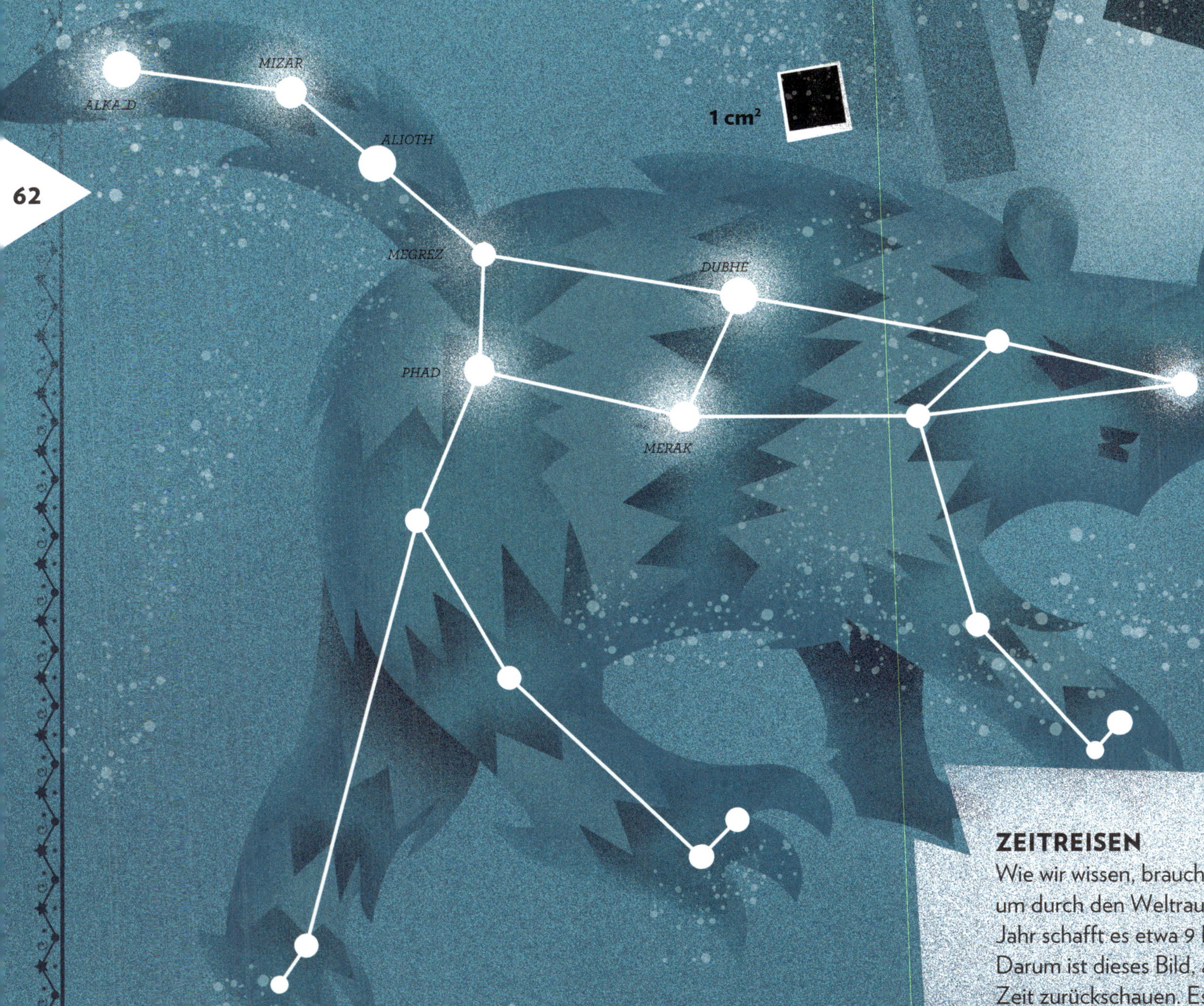

ZEITREISEN

Wie wir wissen, braucht Licht ziemlich lange, um durch den Weltraum zu reisen ... pro Jahr schafft es etwa 9 Billionen Kilometer. Darum ist dieses Bild, als würdest du in der Zeit zurückschauen. Es zeigt die **Galaxien, wie sie vor Milliarden von Jahren ausgesehen haben**.

WEIT ENTFERNTE PUNKTE
Die kleinsten Punkte in diesem Bild sind die **am weitesten entfernten Galaxien**. Sie sind so weit weg, dass ihr Licht bereits seit Milliarden von Jahren unterwegs ist.

UNSERE STERNE
Einige Punkte stellen Sterne in unserer Galaxie dar, in der Milchstraße. Sie sind uns viel näher als die Galaxien auf dem Bild.

SPIRALGALAXIE
In dieser kleinen Ecke des Himmels kann man eine Menge **Spiralgalaxien wie die unsere** sehen. Dies ist eine von ihnen. Findest du noch mehr?

ELLIPTISCHE GALAXIEN
Man nimmt an, dass diese Galaxien aus der **Verschmelzung von Spiralgalaxien** entstanden sind.

UNREGELMÄSSIGE GALAXIEN
Wie ihr Name schon sagt, handelt es sich um **unregelmäßig geformte Galaxien**. Davon gibt es hier eine Menge, denn es sind weit entfernte und alte Galaxien, die viel Zeit hatten, zu kollidieren und ihre Form zu verändern.

Das Hubble-Teleskop (USA)

Kennt du das Hubble-Weltraumteleskop? Es wurde 1990 in eine Erdumlaufbahn transportiert. Unter anderem wegen seiner Bilder wissen wir jetzt mehr über Planeten, Sterne, Galaxien und Nebel! Das tiefe Feld hinter dem Großen Wagen zum Beispiel war seine außergewöhnliche Entdeckung: Es hat diese Ecke des Universums fotografiert! Eine Planetenkamera nahm **342 Fotos an 10 aufeinanderfolgenden Tagen auf**. Die Bilder wurden dann wieder zusammengesetzt und ergaben diese außergewöhnliche Karte. Seine Energie bekommt das Teleskop aus Sonnenkollektoren.

1 PLANETARISCHE NEBEL

Das sind Nebel mit einer **Hülle aus glühendem Gas**. Planetarische Nebel werden fälschlicherweise so genannt: Astronomen dachten zunächst irrtümlich, dass sie Planetensysteme beherbergen. Auch Wissenschaftler sind nicht unfehlbar!

Hinter dem Sternbild ORION

Dieses Sternbild ist auch mit bloßem Auge gut zu erkennen. Es befindet sich in der Nähe des Himmelsäquators und kann **von allen Teilen der Welt aus** beobachtet werden; aus diesem Grund haben sich fast alle Völker Geschichten ausgedacht und sich Figuren unter seinen Sternen vorgestellt. Die sieben hellsten Sterne stellen nach der griechisch-römischen Mythologie die Schultern, die Knie und den Drei-Sterne-Gürtel des **Riesen** dar. Im Teleskop kannst du sehen, dass der Himmel in diesem Bereich voller Sterne und Nebel ist.

2 PFERDEKOPF-NEBEL

Das ist ein **Dunkelnebel**, der, wenn er sich mit einem hellen Nebel überlagert, eine Form erzeugt, in der Astronomen den Kopf eines Pferdes erkannt haben. Kannst du ihn sehen?

3 ORION-NEBEL

An dieser Stelle kannst du auch mit bloßem Auge einen Bereich beobachten, der kein Stern, sondern ein Nebel ist, also eine **staub- und gasreiche Zone** des Himmels. Er ist 1.270 Lichtjahre von uns entfernt und erstreckt sich über 24 Lichtjahre.

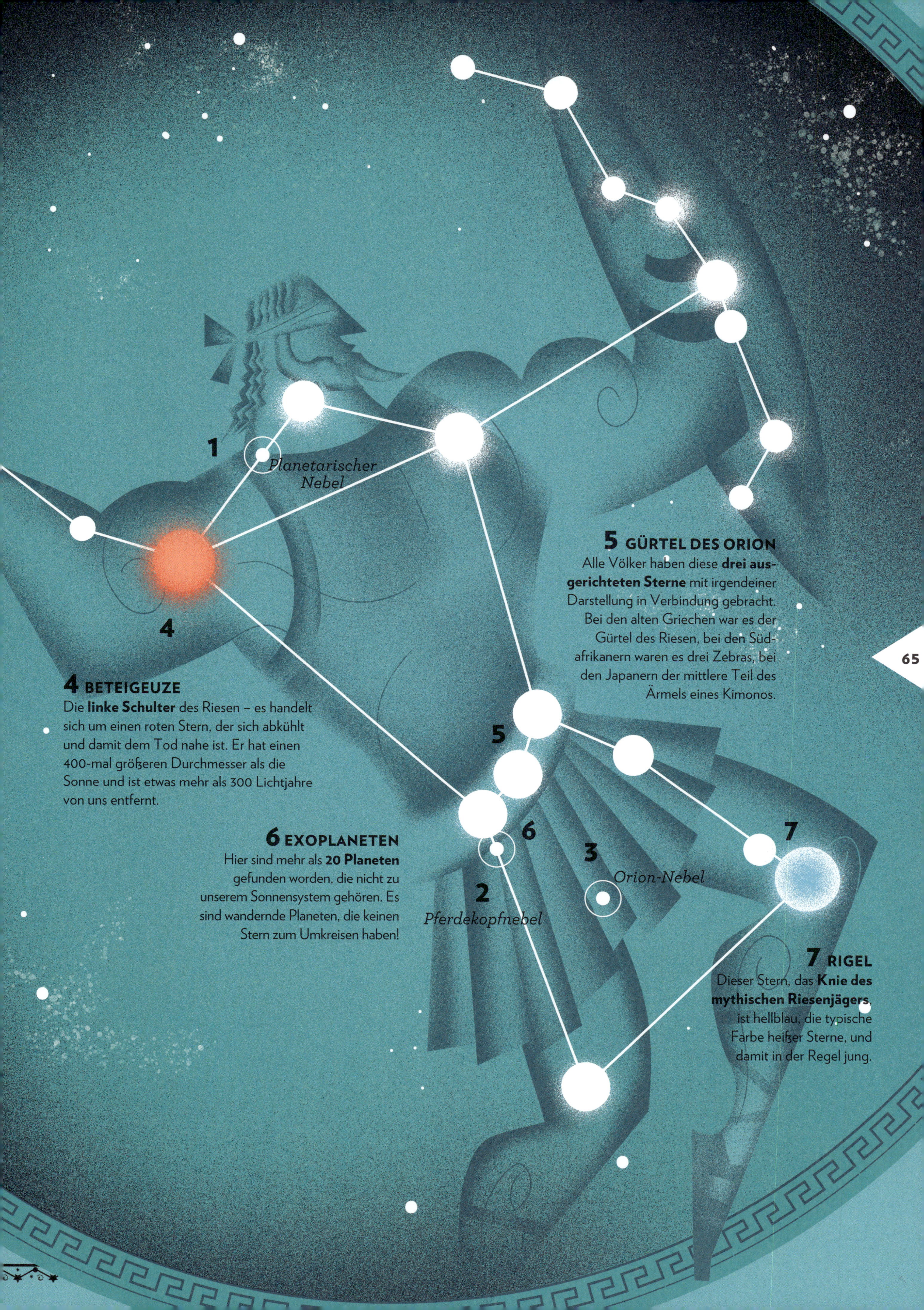

5 GÜRTEL DES ORION

Alle Völker haben diese **drei ausgerichteten Sterne** mit irgendeiner Darstellung in Verbindung gebracht. Bei den alten Griechen war es der Gürtel des Riesen, bei den Südafrikanern waren es drei Zebras, bei den Japanern der mittlere Teil des Ärmels eines Kimonos.

4 BETEIGEUZE

Die **linke Schulter** des Riesen – es handelt sich um einen roten Stern, der sich abkühlt und damit dem Tod nahe ist. Er hat einen 400-mal größeren Durchmesser als die Sonne und ist etwas mehr als 300 Lichtjahre von uns entfernt.

6 EXOPLANETEN

Hier sind mehr als **20 Planeten** gefunden worden, die nicht zu unserem Sonnensystem gehören. Es sind wandernde Planeten, die keinen Stern zum Umkreisen haben!

7 RIGEL

Dieser Stern, das **Knie des mythischen Riesenjägers**, ist hellblau, die typische Farbe heißer Sterne, und damit in der Regel jung.

TARANTELNEBEL
Das ist eine Zone der Sternentstehung, und es war seine **fadenförmige Struktur**, die diesen Namen nahelegte. Er erstreckt sich über mehr als 1.000 Lichtjahre und verbirgt sich im Inneren von NGC 2070, einem der Gebiete, in denen immer mehr Sterne geboren werden – eine wahre Sternenwiege!

NGC 2100
Das ist ein **offener Sternhaufen**, also eine Ansammlung junger, blauer Sterne.

EIN HIMMELS-SEEPFERD
Ausgerechnet in NGC 2074 gibt es auch ein Weltraum-Seepferdchen, eine **Staubsäule**, die sich über 20 Lichtjahre erstreckt und genau die Form dieses Tieres hat. Man geht davon aus, dass die Struktur des Seepferdchens in Millionen von Jahren verschwindet, weil sich sein Staub in der Galaxie auflösen wird.

Die große Wolke des MAGELLAN

Bis vor einigen Jahren dachte man, dass die Große Magellansche Wolke eine Satellitengalaxie der Milchstraße sei, also eine Galaxie, die sich um unsere dreht. Viele Astronomen glauben nun aber, dass es sich **einfach um eine Galaxie handelt, die nahe an unserer vorbeizieht**. Im Inneren befinden sich 25 Milliarden Sterne sowie verschiedene Nebel und Sternhaufen. Aber warum dieser Name? Es war **der portugiesische Seefahrer Ferdinand Magellan**, der sie 1519 bei einer Weltumsegelung entdeckte und ihr einen eigenen Namen gab. Sie ist mit bloßem Auge sichtbar, aber wenn du sie besser sehen und alle Punkte auf dieser Karte am Himmel finden willst, brauchst du ein Teleskop.

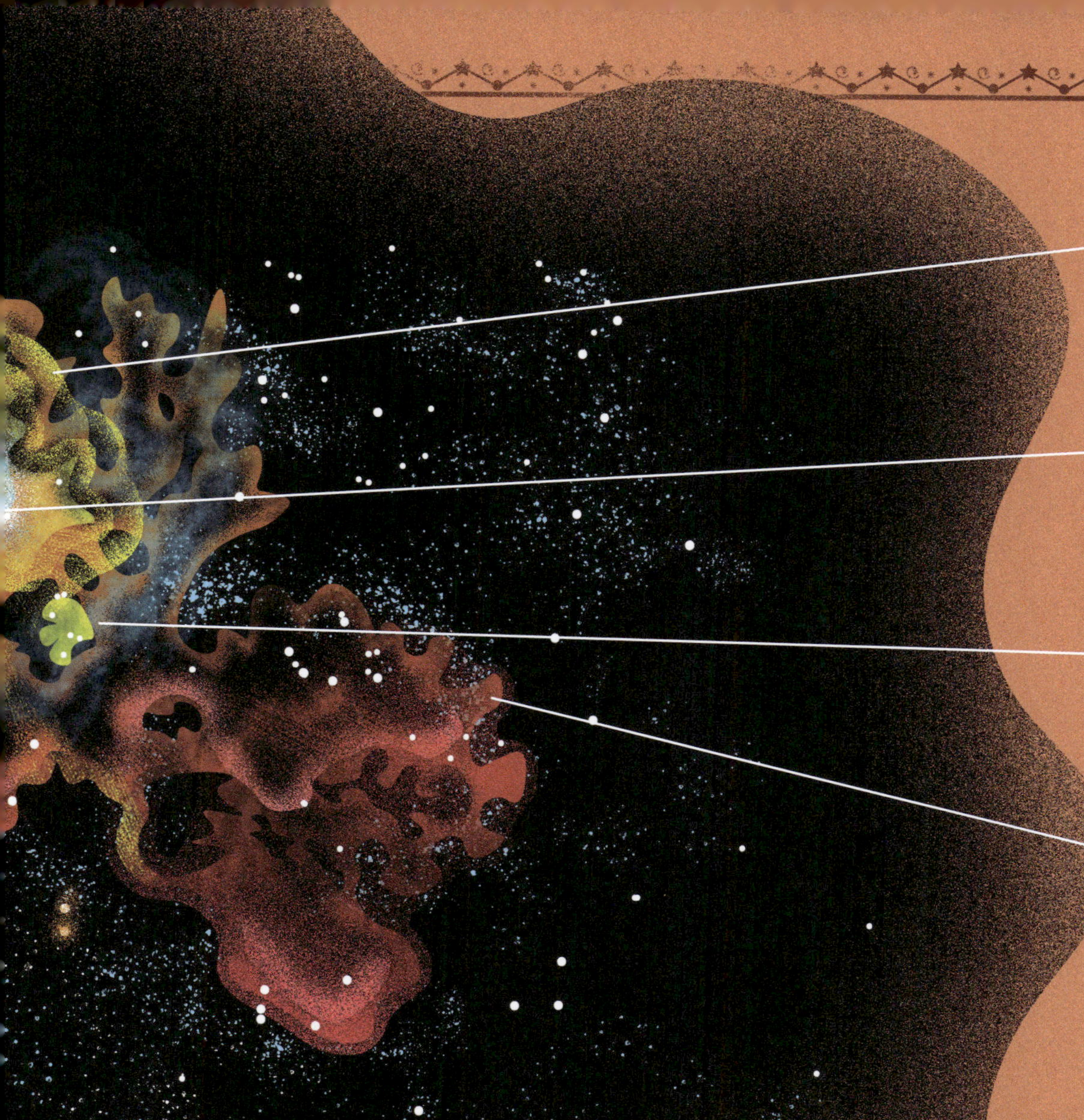

HODGE 301
Hier sollen in der Vergangenheit **mehr als 40 Supernovas explodiert** sein, aber leider hat es niemand bemerkt!

NGC 2070
Sternhaufen, der einige der massereichsten Sterne enthält, die jemals beobachtet wurden.

NGC 2060
Unter diesen Supernova-Überresten leuchtet der **hellste Pulsar**, der jemals am Himmel beobachtet wurde.

SN 1987A
Es handelt sich nicht um einen kleinen Roboter aus einem Science-Fiction-Film, wie der Name vermuten lässt, sondern um **die erste Supernova**, die 1987 mit modernen Teleskopen beobachtet wurde.

NGC 2074
Sternhaufen mit einem Emissionsnebel, einem Bereich, in dem **ständig neue Sterne** geboren werden.

GROSS UND KLEIN
Die Große Magellansche Wolke ist nicht allein. Auf der Südhalbkugel siehst du eine zweite, etwas kleinere, die **Kleine Magellansche Wolke**. Zwischen beiden befindet sich eine Brücke aus Sternenstaub, die **Magellansche Brücke**.

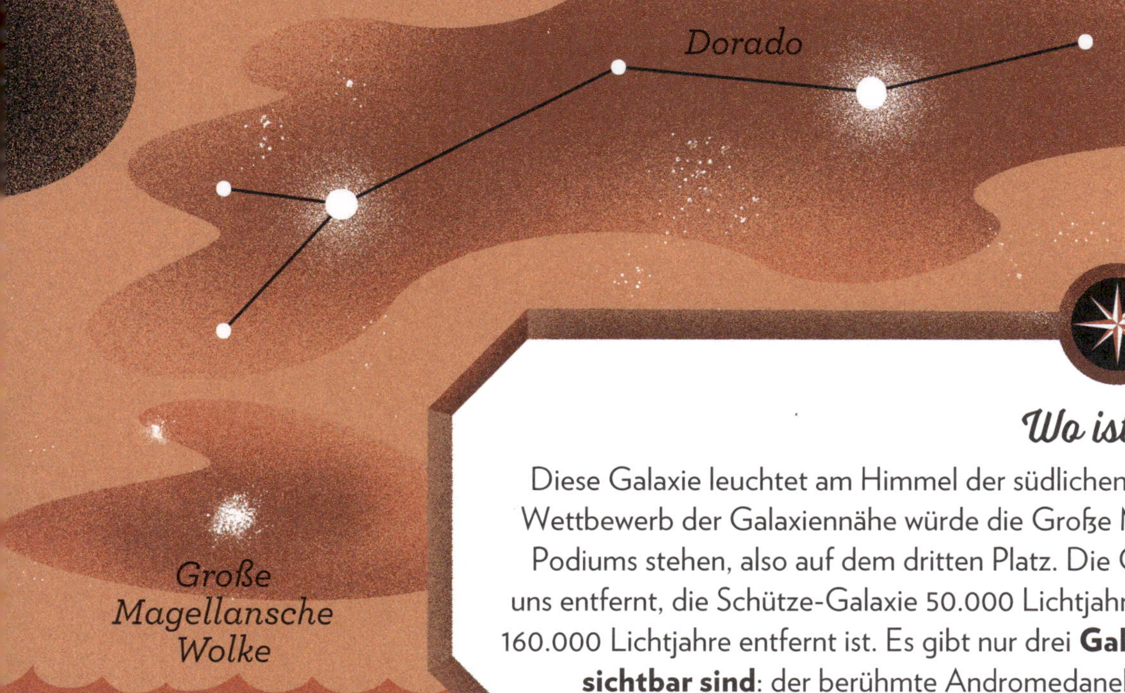

Wo ist sie?

Diese Galaxie leuchtet am Himmel der südlichen Hemisphäre, genau im **Sternbild Dorado**. Im Wettbewerb der Galaxiennähe würde die Große Magellansche Wolke auf der untersten Stufe des Podiums stehen, also auf dem dritten Platz. Die Großer-Hund-Galaxie ist 25.000 Lichtjahre von uns entfernt, die Schütze-Galaxie 50.000 Lichtjahre, während die Große Magellansche Wolke etwa 160.000 Lichtjahre entfernt ist. Es gibt nur drei **Galaxien, die von der Erde aus mit bloßem Auge sichtbar sind**: der berühmte Andromedanebel und die beiden Magellanschen Wolken.

Der KREBSNEBEL

Bereits im Jahr 1054 beobachteten chinesische und arabische Astronomen am hellen Tag mit bloßem Auge einen neuen hellen Stern am Himmel. Viele Jahrhunderte später wurde entdeckt, dass es sich eigentlich nicht um einen Stern handelte, sondern um die **Explosion einer Supernova**, d. h. einer außerordentlich heftigen Sternexplosion, deren Überreste den Krebsnebel bilden. Dieser Nebel wird immer größer, und die Gase, aus denen er besteht, dehnen sich mit einer Geschwindigkeit von 1.500 km pro Sekunde aus!

DER KREBSPULSAR

Im Zentrum des Nebels befindet sich der Neutronenstern oder Pulsar, der mit einer **erstaunlichen Geschwindigkeit** um sich selbst rotiert und in einer Sekunde 30 Umdrehungen schafft. Seine Masse ist superdicht: Sie ist eineinhalbmal so groß wie die der Sonne, aber alles konzentriert in einer Kugel von 10 km. Trotz seiner geringen Größe produziert er 100.000-mal mehr Energie als die Sonne. Nicht schlecht für einen toten Stern!

LEUCHTTURM AM HIMMEL

Man kann sich den Pulsar wie einen Leuchtturm vorstellen, auf dem zwei Strahlen von Radiowellen aufgereiht sind. Die Teilchen, die sie bilden – meist Elektronen – senden im Gegensatz zu einem Leuchtturm im Hafen nicht nur Licht aus, sondern auch Strahlung, Röntgen- und Gammastrahlen, die in zwei genau entgegengesetzte Richtungen vom Pulsar ausgehen. Mit ihren Teleskopen sehen die Astronomen also ein **intermittierendes Signal**, das mit Regelmäßigkeit kommt und geht, so wie man es beim Blick auf einen Leuchtturm sieht.

MAGNETISCHES FELD

In der Nähe des Zentrums des Pulsars bildet sich ein extrem starkes Magnetfeld, das Elektronen mit Lichtgeschwindigkeit herausschießen lässt. Es sind die Elektronen, die die Supernova **so hell** machen und die man auch tagsüber leuchten sehen kann.

FILAMENTE

Im Zentrum des Pulsars entsteht ein stellarer Wind, der sich mit einer Geschwindigkeit von 2.500 bis 4.500 km pro Sekunde fortbewegt und Wellen aus Gas bildet, die mehr als 100 Milliarden km hoch sind. Der Wald aus unregelmäßig leuchtenden Filamenten, die sich in alle Richtungen wegbewegen, ist die Materie, die der Stern bei der Explosion mit außerordentlicher Geschwindigkeit weggeschleudert hat.

Wo ist er?

Dieser Nebel ist etwa 6.500 Lichtjahre von uns entfernt. Das Licht dieser riesigen Explosion, die **1054** zum ersten Mal beobachtet wurde und etwa **im Jahr 5400 v. Chr.** stattfand, legte all diese Tausende von Jahren zurück, bevor es unseren Planeten erreichte. Heute ist er mit bloßem Auge nicht mehr sichtbar, aber stelle ihn dir in der Nähe des **Sternbildes Stier** vor.

COKU TAU 4
Im Sternbild Taurus wurde ein Planet entdeckt, der den **Stern CoKu Tau 4** umkreist.

TRAPPIST-1
Der Stern Trappist-1 wird von **sieben** Planeten umkreist, und alle sind unserem in irgendeiner Weise ähnlich. Aber … sie sind zu weit von uns entfernt.

HELVETIOS - DIMIDIUM
Der **erste Planet außerhalb des Sonnensystems** wurde 1995 entdeckt und wird Dimidium genannt. Er kreist um den Stern Helvetios (für das bloße Auge fast unsichtbar).

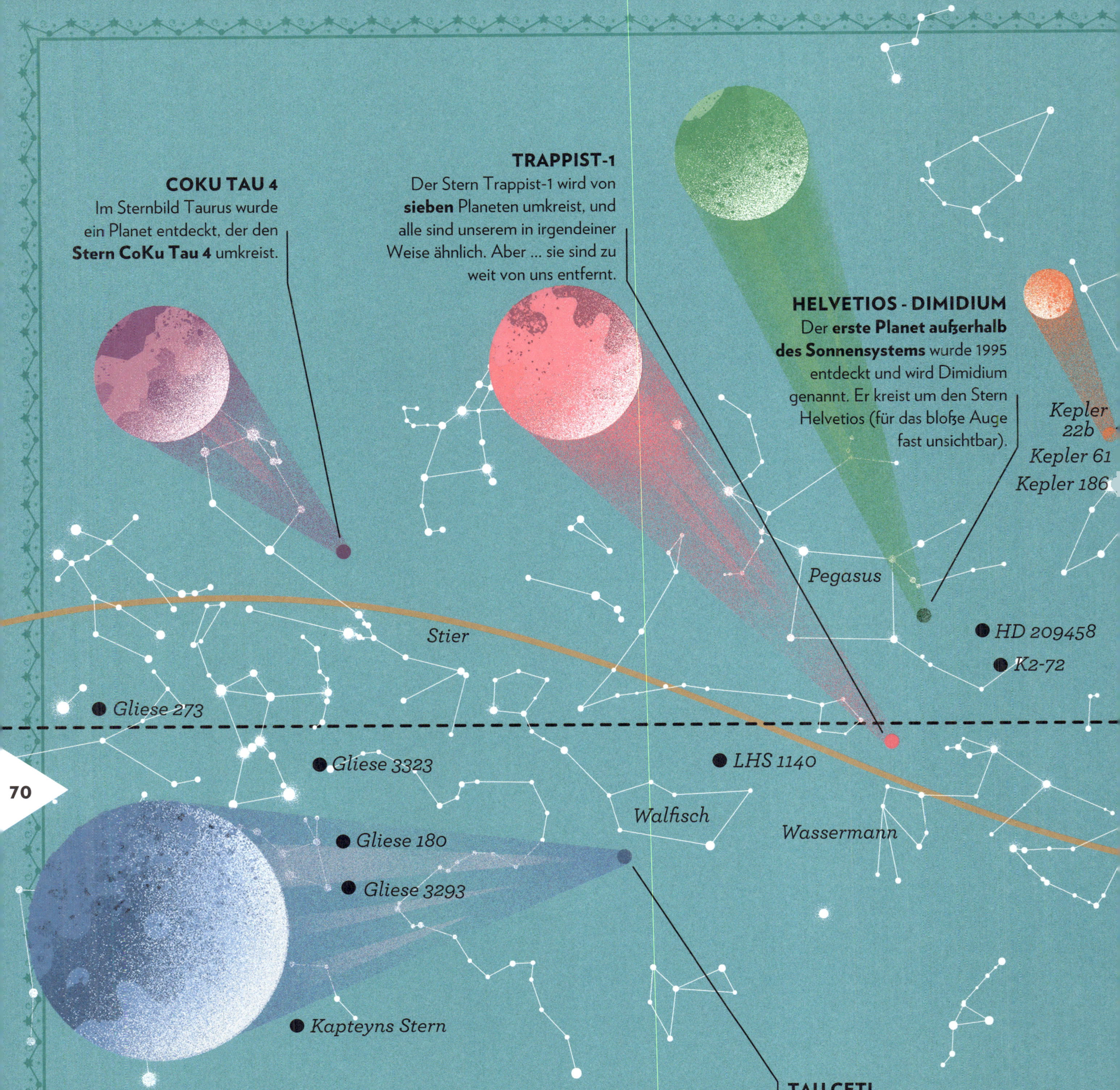

TAU CETI
Stern, der unserer Sonne sehr ähnlich ist und von fünf Planeten umkreist wird, von denen einer möglicherweise **Wasser in flüssigem Zustand** enthält. Dieser Planet wird auch Tau Ceti genannt.

Die EXOPLANETEN

Bis vor Kurzem stellten sich die Astronomen vor, dass es noch andere Planeten geben könnte als die, die um die Sonne kreisen. Aber sie konnten sie nicht sehen. Heute haben sie Tausende von ihnen entdeckt und **fast jeden Monat kommen neue dazu**. Es könnte im Durchschnitt einen Planeten für jeden Stern im Universum geben: Da es mindestens 100 Milliarden Sterne in jeder Galaxie und mindestens 100 Milliarden Galaxien im Universum gibt, ist auch klar, dass es viele Planeten gibt! **Einige davon sind unserem sehr ähnlich** und die Astronomen sind sehr neugierig: Wenn einige Orte der Erde so ähnlich sind, könnte es dann nicht auch Lebensformen geben, die uns ähnlich sind? In dieser Karte gilt: Je größer die Planeten sind, desto näher sind sie uns.

Außerirdisches Leben

Seit die Astronomen so viele Planeten gefunden haben, die dem unseren ähnlich sind, sind sie zunehmend davon überzeugt, dass außerirdische Lebensformen existieren könnten. Wasser auf einem Planeten zu finden, macht die Existenz von Leben wahrscheinlicher, also suchen alle nach Planeten mit flüssigem Wasser. Aber einige Astronomen wollen unbedingt auch intelligentes Leben finden. Deshalb suchen sie auch nach Signalen aus dem Weltraum.

KEPLER-22b
Auf diesem Planeten scheint es etwa 22 °C warm zu sein. Eine ideale Temperatur für den Menschen!

HD 189733 Ab
Blau wie die Erde, doch sind hier die silikathaltigen Winde von bis zu 700 km pro Stunde verantwortlich. Sie führen einen Schauer von Glassplittern mit sich und reflektieren blaues Licht.

ROSS 128b
Ein Planet, auf dem anscheinend sogar ein Mensch leben könnte, denn hier gibt es, anders als auf anderen Exoplaneten, **keine tödlichen Strahlungen**.

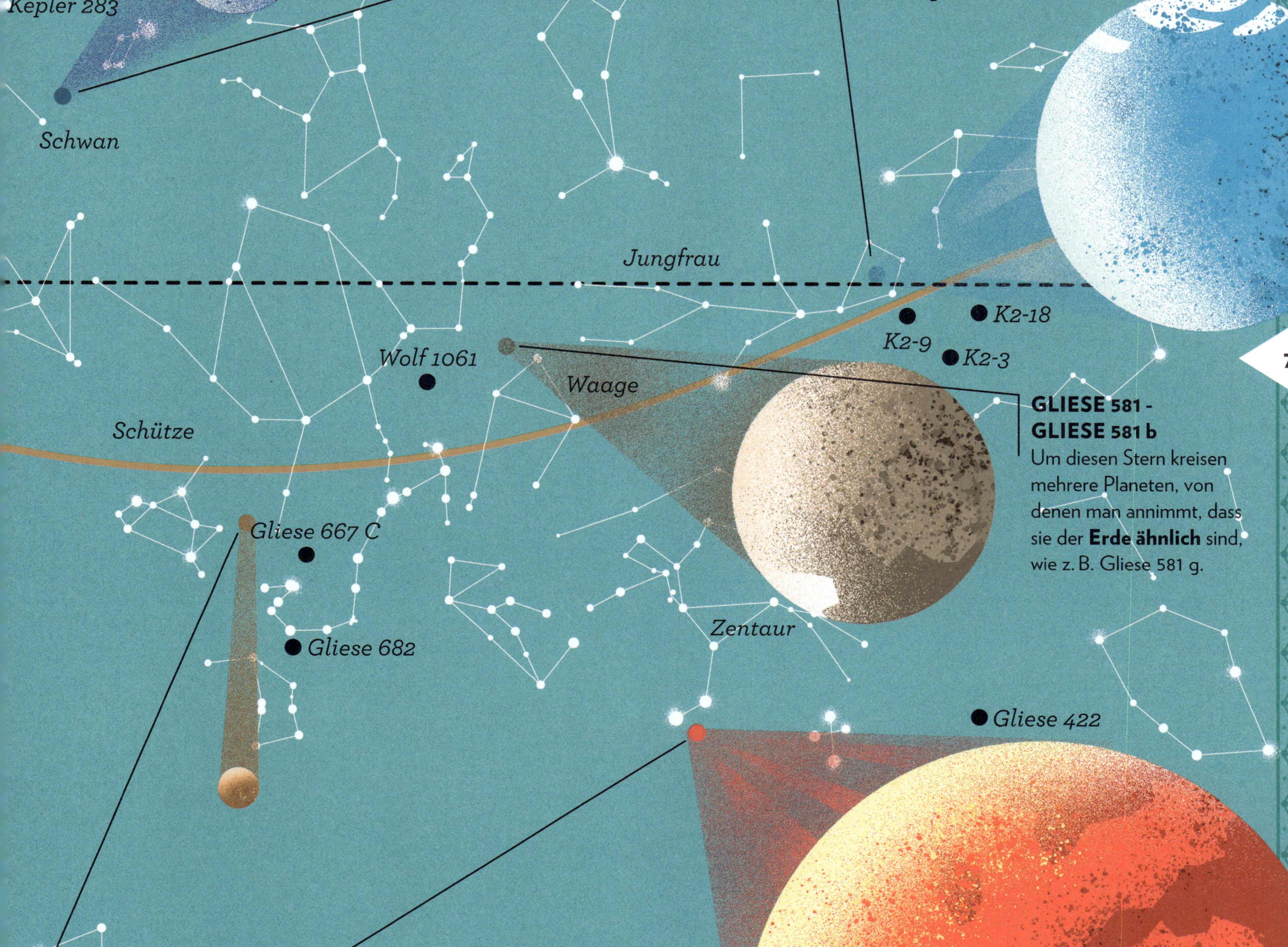

GLIESE 581 - GLIESE 581 b
Um diesen Stern kreisen mehrere Planeten, von denen man annimmt, dass sie der **Erde ähnlich** sind, wie z. B. Gliese 581 g.

SWEEPS-10
Einer der Planeten mit der kürzesten Umlaufzeit: Er braucht nur 10 Stunden für einen Vollkreis.

ALPHA UND PROXIMA CENTAURI
Es ist das uns **am nächsten gelegene** Dreisterne-System. Alpha Centauri A und Alpha Centauri B sind die Hauptsterne, der dritte heißt Proxima Centauri und wird von einem Planeten (Proxima Centauri b) umkreist, auf dem es flüssiges Wasser geben könnte.

Wie erforscht der Mensch

DAS ALL?

Es gibt definitiv privilegierte und besondere Beobachtungspunkte des Weltraums. Während Wissenschaftler den Himmel in modernen Observatorien mit leistungsstarken Teleskopen oder durch künstlich in die Umlaufbahn geschossene Satelliten betrachten, können Astronauten ihn aus nächster Nähe sehen und »anfassen«. So ausgerüstet, können sie sich in den Kosmos wagen und auf der Internationalen Raumstation arbeiten, ein wahres Labor in der Umlaufbahn.

Die ATMOSPHÄRE *der Erde*

Wir haben viel über das ferne Universum gesprochen, aber es gibt auch einen Teil des Universums in der Nähe der Erde. Die Schwerkraft, die dich auf dem Planeten hält, hält auch die Luft und ermöglicht es der Erde, eine Atmosphäre zu haben. Diese **erhält die Wärme der Sonne** und macht das Klima milder, vor allem ohne zu große Schwankungen zwischen Tag und Nacht. In der Atmosphäre befindet sich auch der **Sauerstoff, den wir atmen** und ohne den wir nicht leben könnten. Aber die Anziehungskraft variiert, je weiter wir uns vom Planeten entfernen, sodass die Erdatmosphäre nicht überall gleich ist.

WO BEGINNT DAS ALL?
In Wirklichkeit sind wir mit unserem Planeten in das Universum eingetaucht. Laut International Astronautical Federation beginnt das Universum in **100 km Entfernung** von der Erde, wo es sehr wenig Atmosphäre gibt und normale Flugzeuge nicht fliegen können. Andere behaupten, das Universum beginnt in der Thermosphäre.

Mount Everest
8.848 Meter

EXOSPHÄRE (bis circa 600 km)
Hier **gibt es keine Luft mehr** und hier kreisen Satelliten und Raumsonden. Das Hubble Space Telescope wurde genau deshalb dorthin geschickt, damit die Teleskope keine Luft vor sich haben!

(ab circa 600 km)

THERMOSPHÄRE
(von 85 bis ca. 600 km)
In dieser Zone beginnt sich die Luft zu erwärmen, da **die Sonnenenergie nicht abgeschirmt wird**. Die Temperatur kann bis zu 1.000 °C erreichen. Das ist der Bereich, in dem die Internationale Raumstation kreist.

(von 85 bis 600 km)

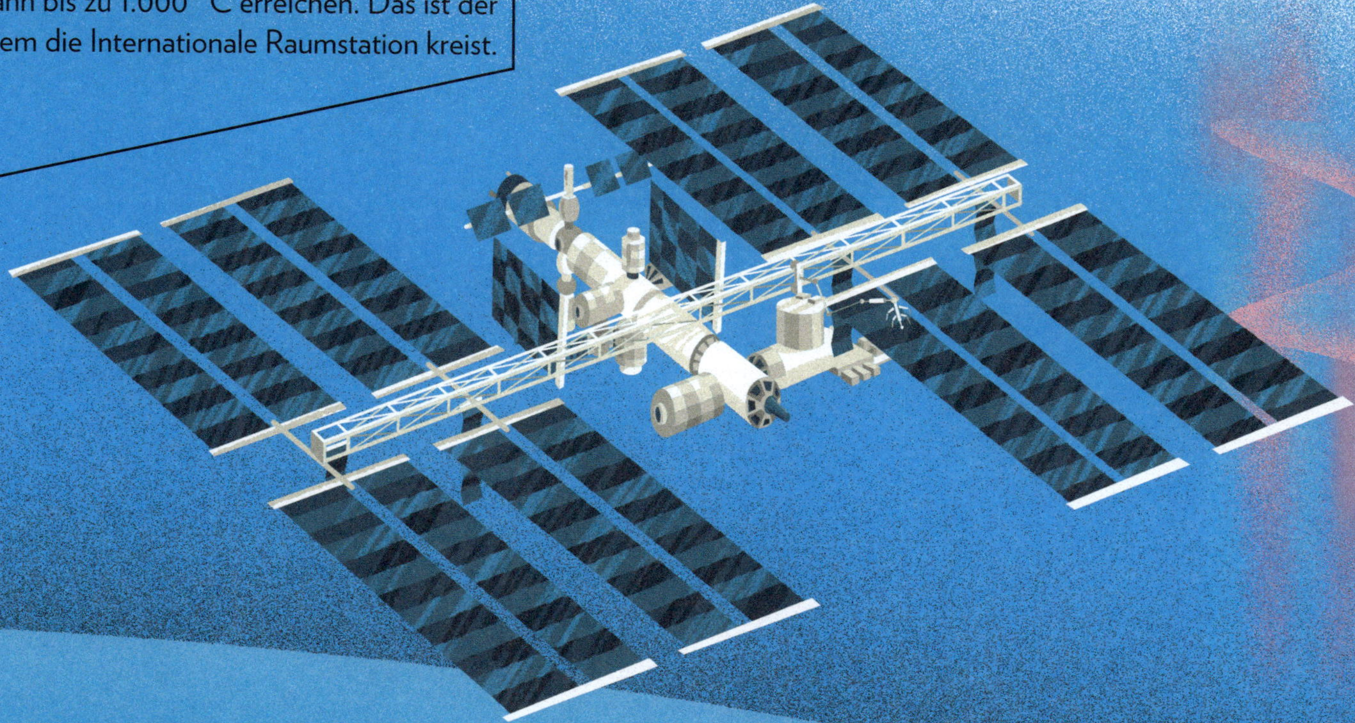

MESOSPHÄRE
Mehr als 50 km von unserem Planeten entfernt, erreichen die Temperaturen -100 °C. So kalt!

(von 50 bis 85 km)

STRATOSPHÄRE
Hier ist die **Ozonschicht**, die uns vor den gefährlichen Strahlen der Sonne schützt. In der Stratosphäre können keine Flugzeuge fliegen, aber es gibt **Ballons**, die zu wissenschaftlichen Zwecken herumschweben.

(von 11 bis 50 km)

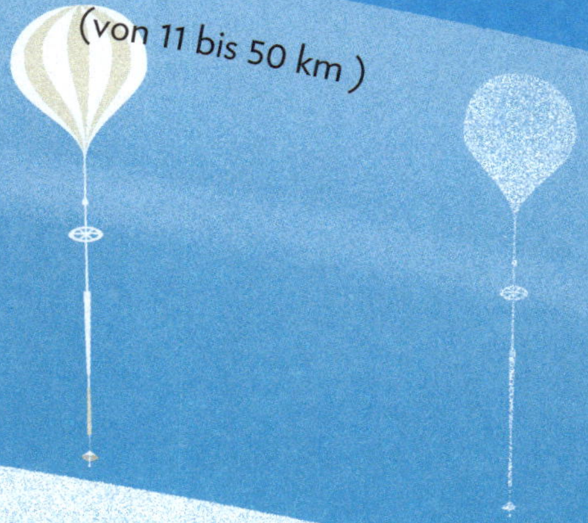

TROPOSPHÄRE
Das ist der **Bereich, der der Erde am nächsten ist**, wo Flugzeuge und Hubschrauber fliegen, sich Wolken bilden und der Mensch leben und atmen kann.

(von 0 bis 11 km)

Astronomische OBSERVATORIEN

Um den Himmel zu beobachten, pflegte der Astronom Galileo Galilei vor 400 Jahren nachts mit seinem Fernrohr vor sein Haus zu gehen. Heute können Astronomen dies nicht mehr tun. Erstens gibt es in der Stadt zu viel Lichtverschmutzung und die meisten Sterne wären in lichtdurchfluteten Ländern nicht beobachtbar. Außerdem ist es besser, Teleskope auf Bergen zu platzieren, weil dadurch die Luftmenge über ihnen reduziert wird und somit der Himmel besser beobachtet werden kann. Kurz gesagt, die Astronomen stellen ihre Teleskope an fantastischen Orten auf, weit weg von Lichtern und Industrie, an den ursprünglichsten Orten der Erde.

LBT, USA

In Arizona, auf dem Mount Graham, befindet sich ein **großes binokulares Teleskop**. Tatsächlich ist es ein Megabinokular, das in den Himmel schaut.

STONEHENGE

In der Vergangenheit waren die einzigen verfügbaren Fernrohre die menschlichen Augen. Stonehenge in England ist **etwa 4.000 Jahre alt** und eines der ältesten bekannten Observatorien.

MAUNA KEA

Hier sind drei Teleskope. Sie befinden sich an einem wirklich außergewöhnlichen Ort, **auf einem Vulkan**, dem Mauna Kea auf Hawaii.

RADIOTELESKOP VON ARECIBO

Es liegt auf der Insel Puerto Rico, sieht aus wie ein **großes Hörrohr** und hofft tatsächlich seit 50 Jahren darauf, ein intelligentes Funksignal aus dem All zu hören, das von einer fortgeschrittenen außerirdischen Lebensform ausgesendet wird!

VLT, CHILE

In den chilenischen Anden, in der Atacama-Wüste, befindet sich auch das VLT (Very Large Telescope), das aus **vier Teleskopen** besteht. Das VLT hat einige der außergewöhnlichsten Bilder des Universums gesammelt.

ELT, CHILE

Nicht zufrieden mit dem »Very Large Telescope«, arbeiten die Astronomen am ELT, dem **»European Extremely Large Telescope«**, einem Teleskop, mit dem zum Beispiel die Atmosphäre von Exoplaneten untersucht werden soll. Auf dem Cerro Armazones, ebenfalls in den chilenischen Anden, wurde bereits mit dem Bau begonnen.

LA PALMA, GROSSES KANARISCHES TELESKOP
La Palma, eine **Insel der Kanaren**, hat ebenfalls ein wichtiges astronomisches Observatorium. Hier gibt es zwar Wolken, aber sie sind meist niedriger als 100 Meter und stören daher nicht bei der Beobachtung.

BJURAKAN
In Armenien, auf dem Berg Aragaz, finden wir dieses **optische Teleskop**. Dank dieser Sternwarte wissen wir heute, dass sich Sterne in Sternverbänden bilden.

CHEOMSEONGDAE
Ein **steinernes** astronomisches Observatorium, das vor über 1.400 Jahren erbaut wurde und noch vollständig intakt ist. Es hat eine Öffnung an der Spitze des Daches, ähnlich wie bei modernen astronomischen Observatorien. Zu finden in Südkorea.

KAPSTADT, SKA
300 km von Kapstadt entfernt befindet sich **das größte optische Teleskop der südlichen Hemisphäre**, mit einem Durchmesser von 11 Metern!

SKA
Es ist ein **riesiges Radioteleskop**, das in Südafrika und Australien gebaut wird und Tausende von Radioantennen auf den Sternenhimmel richten soll.

SOUTH POLE TELESCOPE, SPT
Sogar in der Antarktis gibt es ein riesiges Teleskop. Um dorthin zu gelangen, müssen Forscher manchmal eine **Reise von mehr als 4 Tagen** auf sich nehmen! Aber es lohnt sich, denn bei all der Kälte ist die Atmosphäre sehr trocken und es gibt keine Feuchtigkeit, die Teleskope funktionieren hier sehr gut.

Wie funktionieren Teleskope?
Große Teleskope sind in der Regel Refraktoren, d. h. sie **fangen das Licht**, das von dem zu beobachtenden Objekt kommt, an einem Punkt ein, der »Fokus« genannt wird. Dazu werden sie **in Form einer Parabel** gebaut, so wie die Satellitenschüsseln, die man auf Häusern sieht. Anders als bei alten Teleskopen gibt es nicht nur eine Linse, sondern **viele Spiegel**, die helfen, das Licht zu fokussieren. Und nicht nur das: Diese Spiegel sind in der Regel nicht aus Glas, sondern aus modernen Materialien, die fast nichts mehr mit Glas zu tun haben.

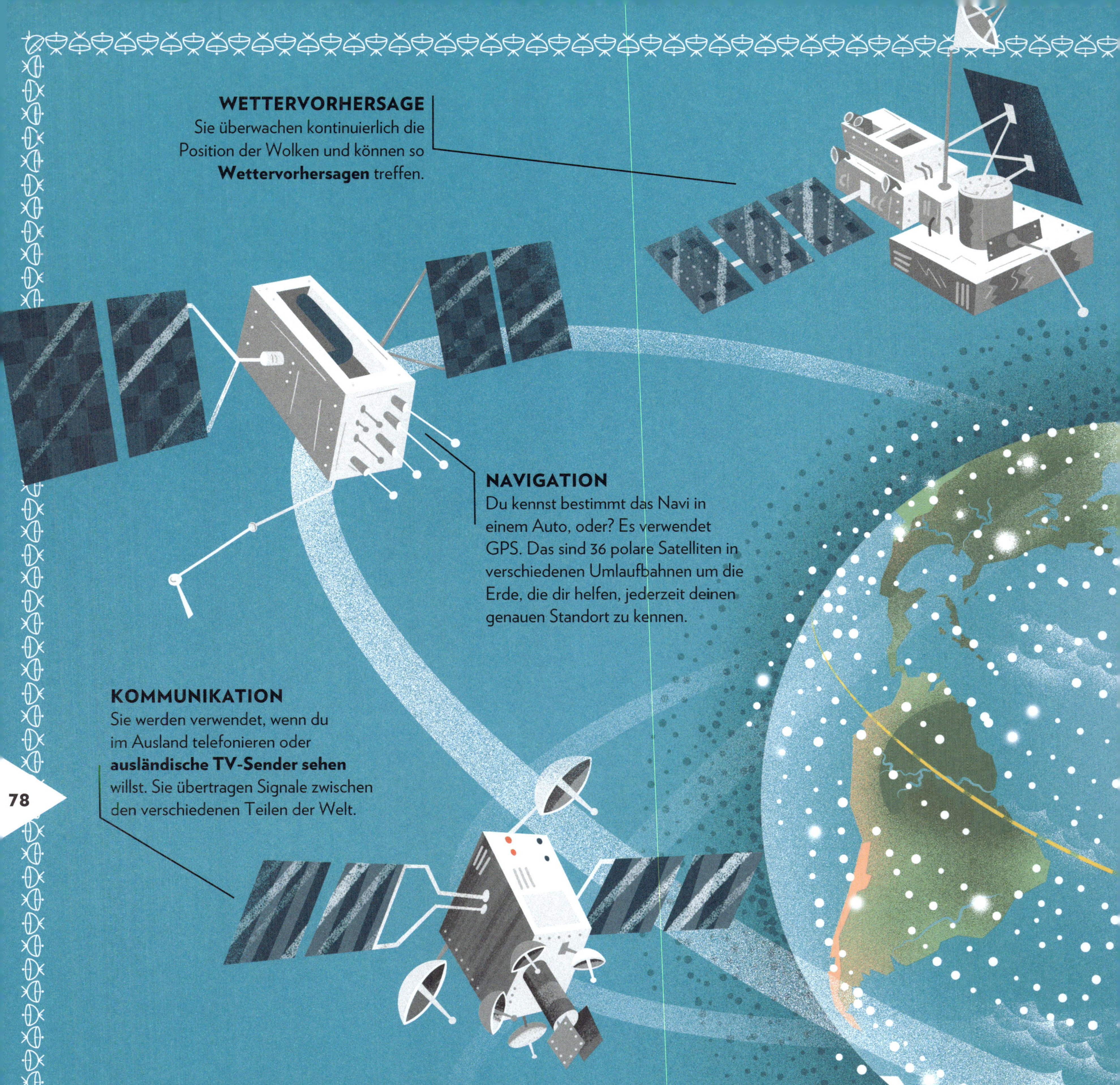

WETTERVORHERSAGE
Sie überwachen kontinuierlich die Position der Wolken und können so **Wettervorhersagen** treffen.

NAVIGATION
Du kennst bestimmt das Navi in einem Auto, oder? Es verwendet GPS. Das sind 36 polare Satelliten in verschiedenen Umlaufbahnen um die Erde, die dir helfen, jederzeit deinen genauen Standort zu kennen.

KOMMUNIKATION
Sie werden verwendet, wenn du im Ausland telefonieren oder **ausländische TV-Sender sehen** willst. Sie übertragen Signale zwischen den verschiedenen Teilen der Welt.

SATELLITEN

Die künstlichen Monde

Die Internationale Raumstation ist nur eines von vielen Objekten, die die Erde umkreisen. Und nicht alle von ihnen dienen wissenschaftlichen Zwecken. Jeder Punkt auf der Karte ist ein künstlicher, d. h. **vom Menschen »gestarteter« Satellit**, der gerade unseren Planeten umkreist. Natürlich variiert ihre Anzahl im Laufe der Zeit, aber es gibt **mehr als 1.200** funktionierende Satelliten. Doch du siehst viel mehr Punkte, denn auch nicht mehr funktionsfähige Satelliten kreisen weiterhin wie riesige Müllhaufen um die Erde. Dort herrscht reger Verkehr!

WISSENSCHAFT
Im Inneren der Satelliten herrscht eine reduzierte Schwerkraft, was für einige wissenschaftliche **Experimente** sehr nützlich ist. Außerdem ist der Sternenhimmel vom Inneren des Raumschiffs aus gesehen heller.

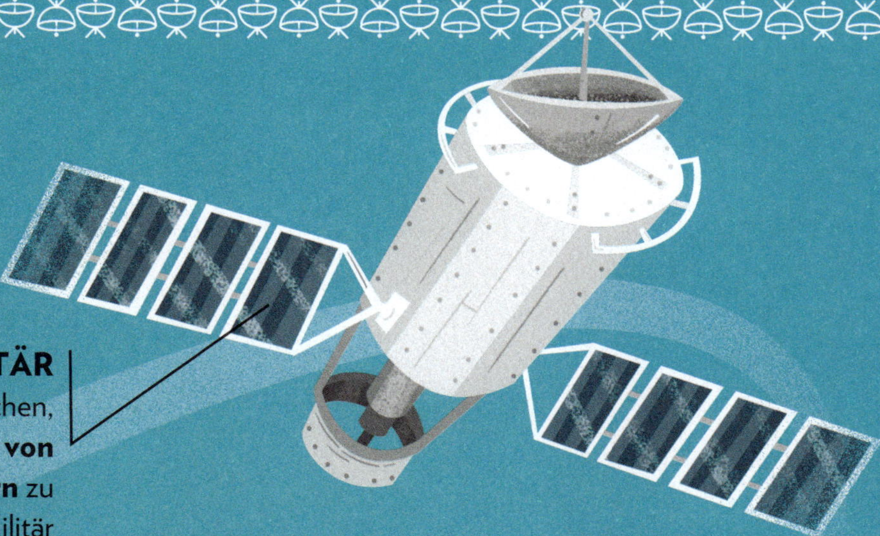

MILITÄR
Einige Satelliten versuchen, das **Vorhandensein von Nuklearsprengkörpern** zu erkennen, damit das Militär seine Verteidigungspläne ausarbeiten kann.

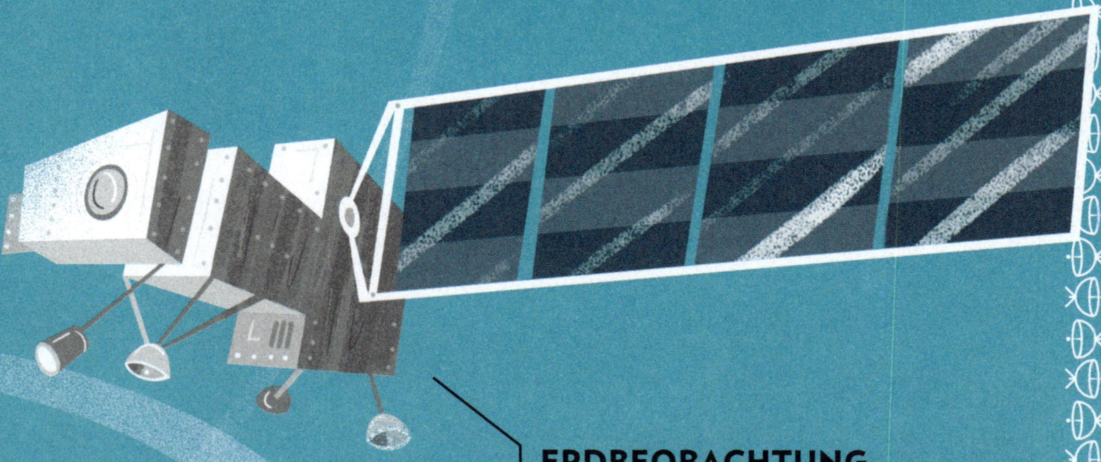

ERDBEOBACHTUNG
Es handelt sich um polare Satelliten, die mit bloßem Auge am Nachthimmel deutlich sichtbar sind. **Sie untersuchen die Erdoberfläche**, die Temperatur und das Vorhandensein von Wasser.

Der Segelsatellit

Im Jahr 2017 wurde der Mayak-Satellit von Russland aus gestartet, **ausgestattet mit einem riesigen Segel**, das seine Bewegungen reibungslos machen soll. Mayak ist speziell für die Erprobung einer neuen Technologie gedacht, die es großen Satelliten ermöglichen würde, ihre Umlaufbahn schnell abzusenken. **Das Segel soll sie ein wenig abbremsen**, ähnlich wie ein Fallschirm es tut. Der Luftwiderstand des Segels durch Partikel in der Atmosphäre könnte den Satelliten zerfallen lassen. Leider scheiterte die Mission, das **Segel öffnete sich nicht**.

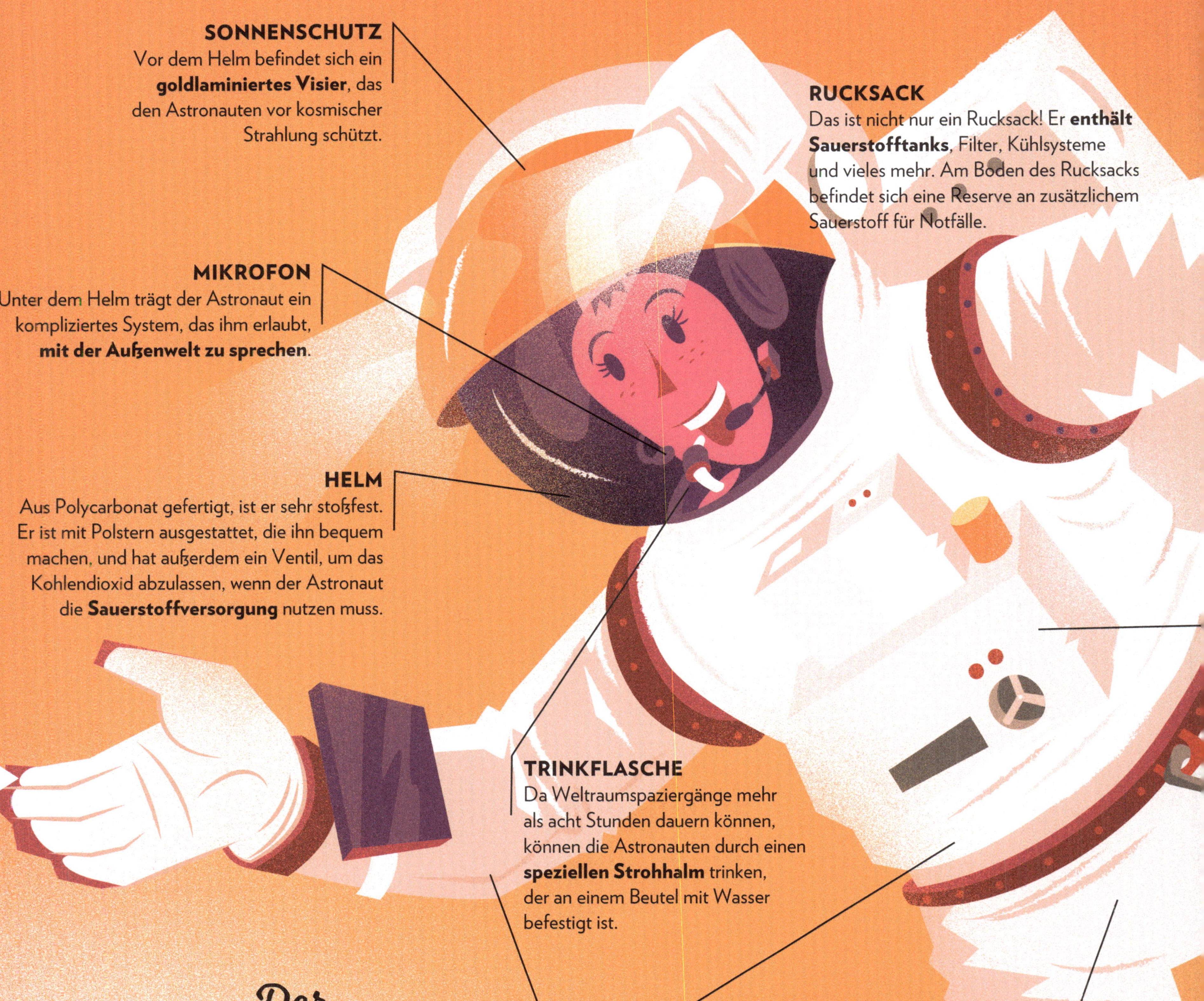

SONNENSCHUTZ
Vor dem Helm befindet sich ein **goldlaminiertes Visier**, das den Astronauten vor kosmischer Strahlung schützt.

RUCKSACK
Das ist nicht nur ein Rucksack! Er **enthält Sauerstofftanks**, Filter, Kühlsysteme und vieles mehr. Am Boden des Rucksacks befindet sich eine Reserve an zusätzlichem Sauerstoff für Notfälle.

MIKROFON
Unter dem Helm trägt der Astronaut ein kompliziertes System, das ihm erlaubt, **mit der Außenwelt zu sprechen**.

HELM
Aus Polycarbonat gefertigt, ist er sehr stoßfest. Er ist mit Polstern ausgestattet, die ihn bequem machen, und hat außerdem ein Ventil, um das Kohlendioxid abzulassen, wenn der Astronaut die **Sauerstoffversorgung** nutzen muss.

TRINKFLASCHE
Da Weltraumspaziergänge mehr als acht Stunden dauern können, können die Astronauten durch einen **speziellen Strohhalm** trinken, der an einem Beutel mit Wasser befestigt ist.

Der RAUMANZUG

Astronauten brauchen viel Sicherheit – der **Raumanzug** hilft ihnen dabei! Eigentlich ist das eher ein kleines Raumschiff, das an den Körper des Astronauten gebunden ist. Es erlaubt ihnen zu atmen, zu trinken, nicht an der Hitze zu sterben, nicht von einem Meteoriten getötet zu werden, den richtigen Druck im Inneren aufrechtzuerhalten, kurz gesagt, **das Überleben zu ermöglichen**! Und auch, um sich frei zu bewegen und zu kommunizieren. Genau wie beim Skifahren haben Astronauten zusätzlich zum Raumanzug einen Unteranzug, der sie bis auf Hände, Füße und Kopf komplett bekleidet. Der Anzug ist bis zu 8 cm dick und besteht aus **11 Schichten**. Und er kostet natürlich viel mehr als ein normaler Anzug: 1,5 Millionen Euro!

ZENTRALMODUL
Der Helm und das Visier sind durch einen Ring mit der Rückseite verbunden. Dies ist eine Glasfaserschale, die mit den Armen, dem Rücken, dem Helm, dem Rucksack und dem Steuermodul verbunden ist.

WELTRAUMWINDEL
Da es im All keine öffentlichen **Toiletten** gibt, müssen die Astronauten eine spezielle Weltraumwindel tragen.

AUSSENPROTEKTOREN
Dies sind die Einheiten, die **die Schultern, Arme und Ellenbogen bedecken**.

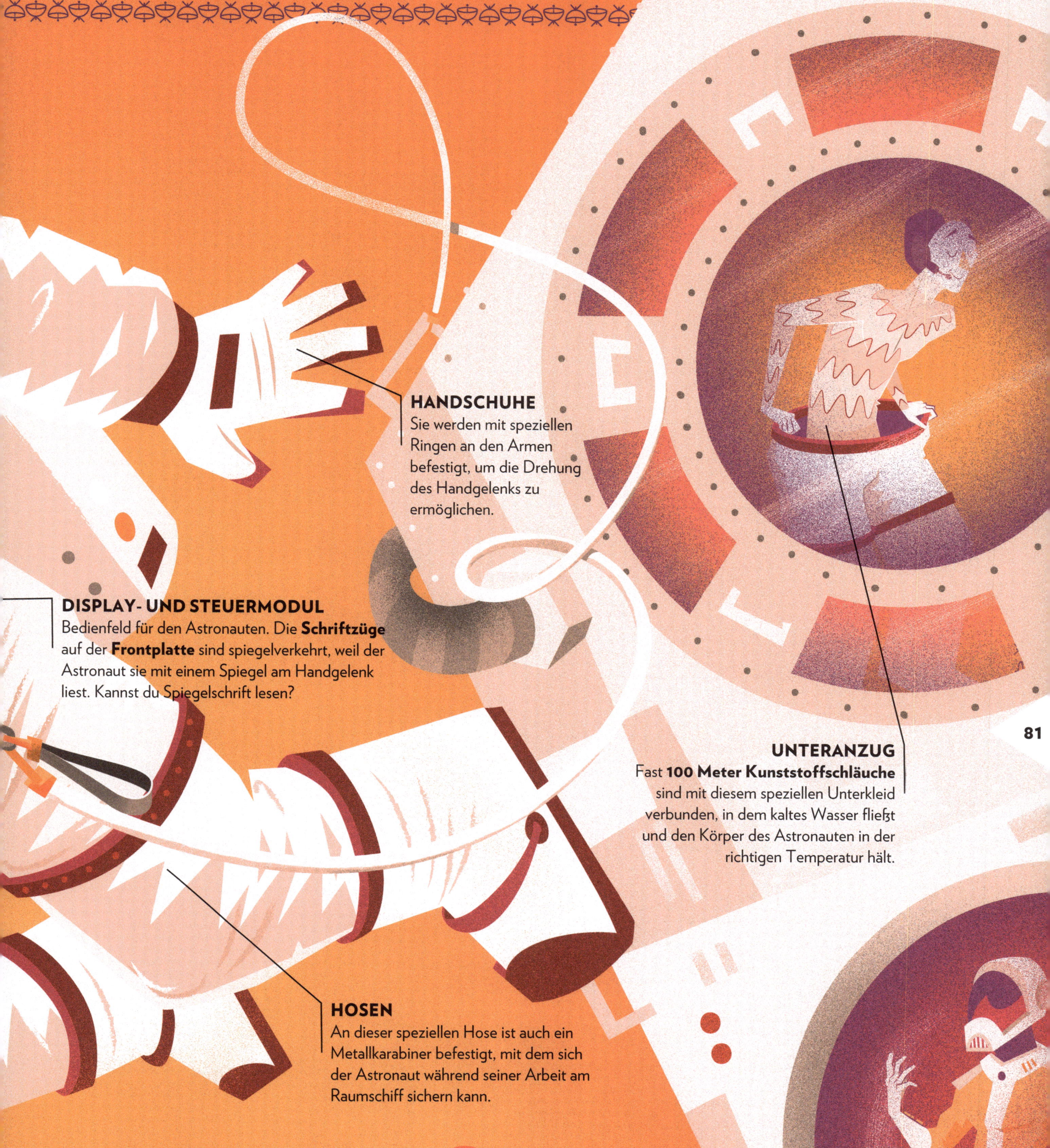

Raumanzug der Zukunft

Die Raumanzüge sind nicht dazu gebaut, dass Astronauten auf dem Boden laufen werden. Da wir in der Zukunft planen, auch den Planeten Mars zu betreten, ist es wichtig, Anzüge zu entwickeln, die echte **Spaziergänge ermöglichen**. Außerdem müssen die Anzüge mehr »freie« **Bewegungen** im Inneren des Raumschiffs zulassen und dürfen daher nicht zu groß sein. Und vielleicht sollten sie auch etwas schöner aussehen, oder?

ORBITALMODUL
Er hat eine **fast kugelförmige** Form und enthält alles, was für den Rückflug nötig ist.

MODULE
Die Raummodule können auch aus **mehreren Teilen** bestehen und unabhängig voneinander fliegen.

RAKETEN
Sie ermöglichen es dem Raumfahrzeug zu **fliegen**. Wenn das Fahrzeug in einem Vakuum ankommt, werden die Raketen abgeschaltet; um die Richtung zu ändern oder umzukehren, gibt es weitere Raketen, die in die entgegengesetzte Richtung gerichtet sind. Die Sojus-Trägerrakete ist das, was jetzt die russischen Sojus-Raumfahrzeuge in den Orbit trägt, die für **Reisen zur Internationalen Raumstation** und zurück verwendet werden.

RAUMSCHIFFE

Die **Schwerkraft** zieht jedes Objekt auf der Erde an. Raumfahrzeuge hingegen haben genug Energie, um ihrer Anziehungskraft zu entkommen. Der Physiker Isaac Newton sagte vor 300 Jahren voraus, dass, wenn eine Kanone einen Gegenstand von einem hohen Berg abschießt, dieser um die Erde fliegt und nicht herunterfällt. Raumfahrzeuge unterscheiden sich voneinander, haben aber einige gemeinsame Merkmale. Sie bestehen **aus zwei Teilen:** der Kapsel oder dem Modul, das die Besatzung und die wissenschaftliche Ausrüstung enthält, und einer Trägerrakete, die das gesamte Fahrzeug, einschließlich der Kapsel, trägt.

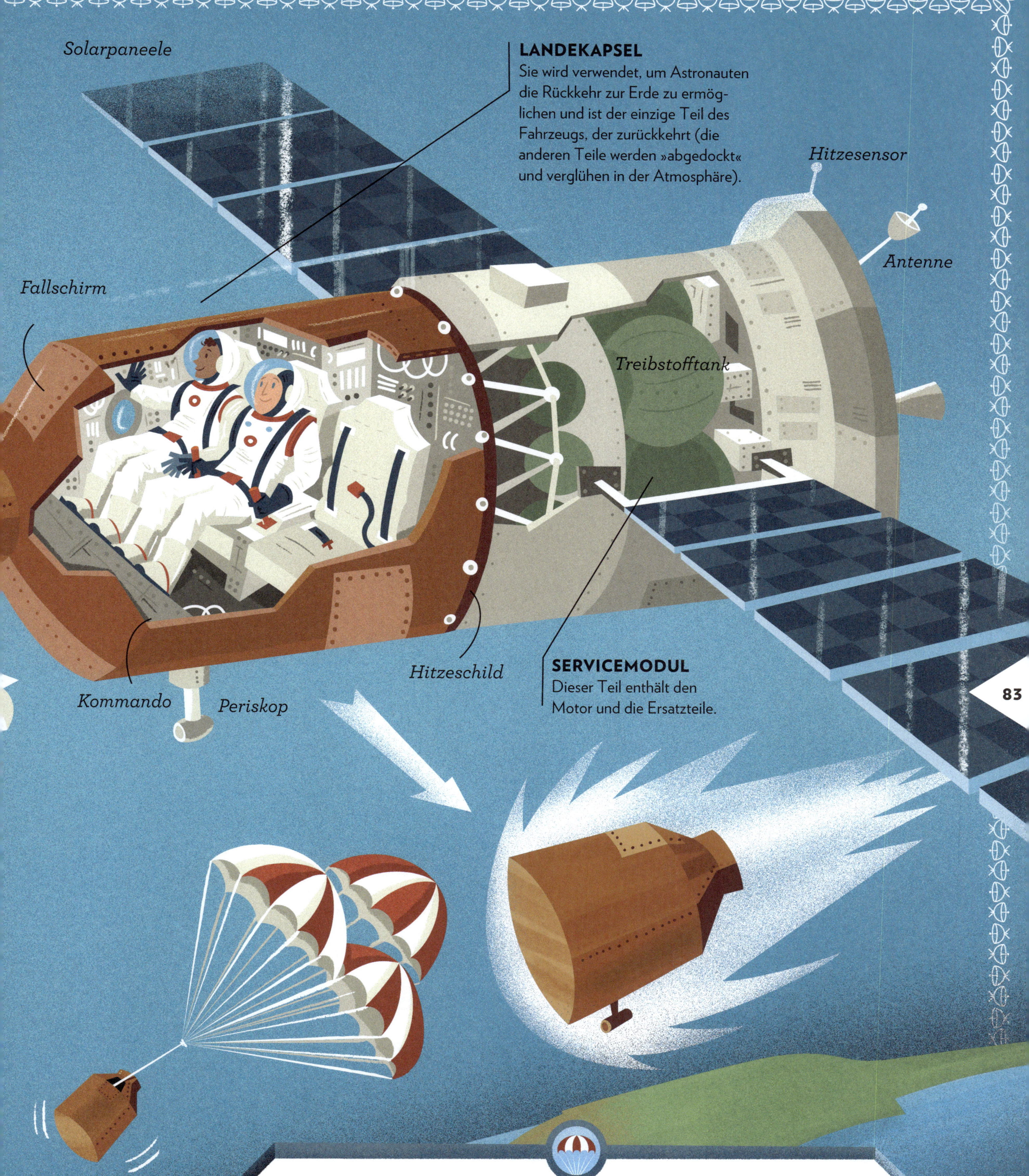

Holprige Landungen!

Eines der schwierigsten Dinge für Raumfahrzeuge sind die Landungen. Bislang sind Menschen nur auf dem Mond und der Erde gelandet. Wenn sie mit dem Sojus-Raumschiff zur Erde zurückkehren, befürchten sie oft das Schlimmste, heißt es. Es ist ein Fall, **gebremst durch Fallschirme**, mit sehr heftigen Landungen! Es wird also sehr kompliziert sein, auf anderen Planeten zu landen, die sicher noch weniger gastfreundlich sind als die Erde.

SPAZIERGÄNGE IM ALL

Manchmal müssen die Astronauten **Arbeiten außerhalb** der Raumstation durchführen, um sie zu reparieren oder zu modifizieren. Dies sind sehr **gefährliche** »Spaziergänge«. Astronauten haben mehr als 250 Mal Missionen außerhalb der Raumstation durchgeführt!

SWESDA

Manche Leute nennen dieses Modul ein **»Raumhaus«**, denn wie in einem Haus schläft man, geht auf die Toilette und isst. Da es keine Schwerkraft gibt, muss man sich zum Schlafen in etwas einschließen, das wie ein Schlafsack aussieht, sonst würde man im Weltraum schweben und umherpoltern und könnte nicht ruhig schlafen!

Die Internationale RAUMSTATION

Wer hätte gedacht, dass ein Mensch im Weltraum lange leben kann? Heute ist dies dank der Internationalen Raumstation (ISS) möglich, die unseren Planeten mit einer etwa alle sechs Monate wechselnden Besatzung an Bord umkreist. Sie ist ein bisschen wie ein **großes Weltraumlabor im Orbit**. Diese Anlage wird von fünf Raumfahrtbehörden (USA, Kanada, Japan, Europa und Russland) betrieben, die 1998 mit dem Bau begannen. Von Zeit zu Zeit wird sie mit neuen Komponenten erweitert und einige wurden ersetzt, ein bisschen wie bei einem Baukasten. Seit dem Jahr 2000 beherbergt sie zwischen 2 und 6 Astronauten. Dort oben gibt es keine Schwerkraft und die Astronauten müssen sich an ein anderes Leben als auf der Erde gewöhnen.

Wo ist sie?

Die Internationale Raumstation ist etwa so groß wie ein **Fußballfeld**, aber der Wohnbereich gleicht eher einer Einraumwohnung. Er umkreist die Erde in einem Abstand von 330 bis 400 km mit einer Durchschnittsgeschwindigkeit von 27.000 km pro Stunde. Die Raumstation ist von unserem Planeten aus **mit bloßem Auge sichtbar**. Sie sieht aus wie ein kleiner sich bewegender Stern. Die besten Zeiten zur Beobachtung sind um den Sonnenuntergang und vor der Morgendämmerung, wenn wir im Dunkeln sind, die Raumstation aber von der Sonne beleuchtet wird. Sie bewegt sich immer auf der gleichen Umlaufbahn, braucht aber 90 Minuten für eine komplette Umrundung. Nur ganz in der Nähe des Nordpols und des Südpols ist es nicht möglich, sie zu sehen.

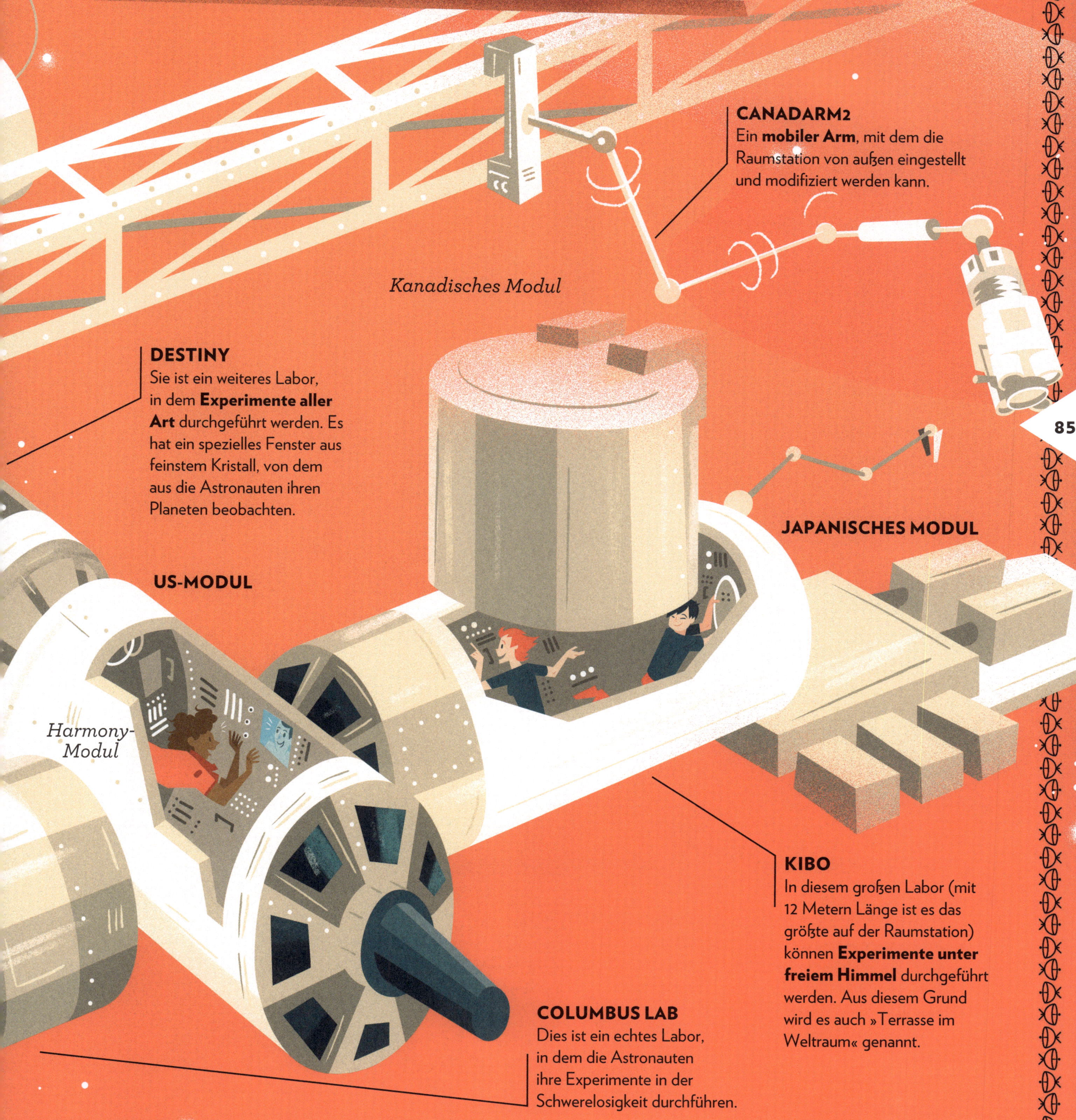

CANADARM2
Ein **mobiler Arm**, mit dem die Raumstation von außen eingestellt und modifiziert werden kann.

DESTINY
Sie ist ein weiteres Labor, in dem **Experimente aller Art** durchgeführt werden. Es hat ein spezielles Fenster aus feinstem Kristall, von dem aus die Astronauten ihren Planeten beobachten.

KIBO
In diesem großen Labor (mit 12 Metern Länge ist es das größte auf der Raumstation) können **Experimente unter freiem Himmel** durchgeführt werden. Aus diesem Grund wird es auch »Terrasse im Weltraum« genannt.

COLUMBUS LAB
Dies ist ein echtes Labor, in dem die Astronauten ihre Experimente in der Schwerelosigkeit durchführen.

Ein GLOSSAR *der Astronomie*

ASTEROIDEN
Kleine Himmelskörper, die die Sonne umkreisen. Zwischen Mars und Jupiter gibt es ein Gebiet, das als »Asteroidengürtel« bezeichnet wird und besonders reich an diesen Objekten ist.

ASTRONAUT
Weltraumfahrer. Die Raumfahrer aus Russland werden Kosmonauten genannt.

ATMOSPHÄRE
Hülle aus Gas, die Himmelskörper umgibt.

ELLIPSE
Form ähnlich einem abgeflachten Kreis.

ELLIPTISCH
In Form einer Ellipse.

ERDÄQUATOR
Imaginäre Linie, die die Erde in zwei Hälften teilt, auf halbem Weg zwischen Nord- und Südpol.

ESA
Europäische Raumfahrtagentur (European Space Agency).

FINSTERNIS
Phänomen, das auftritt, wenn das Licht, das einen Himmelskörper beleuchtet, von dem eines anderen Himmelskörpers aufgefangen wird. Zum Beispiel Sonnenfinsternis, Mondfinsternis.

GALAXIE
Riesige Ansammlung an Sternen, interstellarem Gas, Staub und Sonnensystemen, die durch die Schwerkraft zusammengehalten wird.

GRAVITATION
Anziehungskraft, die zwischen allen Objekten im Universum wirkt.

HEMISPHÄRE
Die Hälfte einer Kugel. Wenn man von einem Planeten spricht, befindet sich die nördliche Hemisphäre auf der Seite des Nordpols des Planeten und die südliche Hemisphäre auf der Seite des Südpols.

KOMET
Staub- und Eisklumpen, der die Sonne umkreist und eine Gas- und Staubwolke freisetzt, wenn er an unserem Stern vorbeizieht (Kometenschweif).

LICHTJAHR
Dies ist die Entfernung, die das Licht in einem Jahr zurücklegt. Licht bewegt sich mit etwa 300.000 km pro Sekunde und legt in einem Jahr etwa 9,5 Millionen Millionen km zurück.

MAGNETFELD
Kraft, die um magnetisierte Materialien vorhanden ist oder in der elektrische Ströme fließen.

MASSE
Menge der in einem Objekt enthaltenen Materie.

METEORIT
Stein oder Felsen aus dem All, der in die Atmosphäre eines Planeten eingedrungen und auf seiner Oberfläche gelandet ist.

NASA
Raumfahrtagentur der USA (National Aeronautics and Space Administration).

NEBEL
Wolke aus interstellarem Staub und Gas, in der häufig neue Sterne geboren werden.

ORBIT
Weg, den ein Objekt beim Umkreisen eines anderen nimmt. Umlaufbahn.

PLANET
Körper, der einen Stern umkreist, ohne sein eigenes Licht auszustrahlen.

POL
Die Pole eines Planeten oder eines natürlichen Satelliten sind die Punkte, an denen die Rotationsachse auf die Oberfläche trifft.

PULSAR
Rotierende stellare Objekte, die Strahlen von Radiowellen aussenden.

ROSKOSMOS
Weltraumorganisation der Russischen Föderation.

SATELLIT
Kleines Objekt, das ein anderes Objekt umkreist, das größer ist als es selbst.

SCHWARZES LOCH
Kleiner Bereich im Raum, in dem eine große Menge an Materie konzentriert ist. Die Anziehungskraft ist so stark, dass nicht einmal Licht entweicht.

SONNENSYSTEM
Die Sonne und alles, was sie umkreist.

STERN
Kugel aus glühendem Gas, die Licht und Wärme abstrahlt und Kernenergie erzeugt.

STERNBILD
Eine der 88 von der Internationalen Astronomischen Gesellschaft anerkannten Formen unter den Sternen.

STERNHAUFEN
Eine Gruppierung von physikalisch verwandten Sternen in einem definierten Bereich des Himmels.

SUPERNOVA
Explodierter Stern. Er strahlt das Licht von Milliarden normaler Sterne aus.

UNIVERSUM
Der gesamte Weltraum und alles, was darin ist. Es wird davon ausgegangen, dass es sich ausweitet.

WEISSER ZWERG
Endstadium im Leben eines mittelgroßen Sterns wie der Sonne.

WELTALL
Alles, was außerhalb der Atmosphäre des Planeten Erde liegt.

ZWERGPLANET
Grob kugelförmiger Himmelskörper, der einen Stern umkreist, aber nicht genügend Masse hat, um seine Bahn von Objekten mit vergleichbarer Masse freizuhalten.

3. Auflage 2024
ISBN 978-3-03876-190-7

Übersetzung:
Claudia Koch, Ilmenau

Lektorat:
Dr. Friederike Römhild, Berlin

Satz:
Ulrich Borstelmann, Dortmund

Cover:
Stefan Hilden, München

Projektleitung:
Gregory C. Zäch, Zürich

Illustrationen und Grafiken:
Tommaso Vidus Rosin

Originaltexte:
Lara Albanese

Bibliografische Information der Deutschen Bibliothek
Die Deutsche Bibliothek verzeichnet diese Publikation in der
Deutschen Nationalbibliografie unter www.dnb.de.

Midas Verlag AG, Dunantstrasse 3, CH 8044 Zürich
kontakt@midas.ch, www.midas.ch, socialmedia: follow »midasverlag«

MEHR ÜBER DEN WELTRAUM FINDEST DU HIER

NASA: https://www.nasa.gov
ESA: https://www.esa.int/Space_in_Member_States/Germany
Deutsche Raumfahrtausstellung: https://www.deutsche-raumfahrtausstellung.de
Deutsches Museum München: https://www.deutsches-museum.de
Mit Alexander Gerst ins Weltall: https://www.wdrmaus.de/extras/mausthemen/weltall
Technik Museum Speyer: https://speyer.technik-museum.de